À demain mes amours

Lola MAROIS-BIGARD

À demain mes amours

Michel LAFON

7-13, boulevard Paul-Émile Victor – Île de la Jatte
92521 Neuilly-sur-Seine Cedex

www.michel-lafon.com

À mon papou adoré
À Jules et Bella

À mon mari dipsomane, à ma mère anarchiste,
à mon père muscadin, à ma sœur polyandre,
à mon oncle hypocondriaque,
à ma grand-mère inconstante,
à mon beau-père tatoué,
JE VOUS AIME.

Avant-propos

Je souhaite partager mon expérience avec toutes les femmes.

À travers ce livre, j'ai voulu rendre hommage au courage des bébés, au courage des parents. *À demain mes amours* est la preuve que la médecine, que je bouscule parfois, affectueusement, au fil de ces pages, permet à des bébés de vingt-sept semaines seulement de vivre et de combler de bonheur leurs parents. C'est grâce à elle que je porte mon petit pitre de 8 kilos sur mes genoux. Mon petit pitre qui rit plus qu'il ne pleure, et qui tente en ce moment même d'appuyer sur toutes les touches de mon clavier désuet.

Je veux que Jules et Bella Bigard, ainsi que tous leurs compagnons d'infortune, comme Louisa et Grégoire, leurs petits colocataires de

Port-Royal-Cochin nés eux aussi à vingt-sept semaines et en pleine forme aujourd'hui, soient la preuve vivante que souvent, malgré les opérations effrayantes, les problèmes respiratoires, les problèmes digestifs, les « bêtises » – grandes et petites –, les bébés s'en sortent ; ils s'en sortent même très bien.

Je veux dire aux mamans qui, tous les jours, se rendent à l'hôpital pour soutenir avec courage et dévotion leurs crevettes dans leur combat si périlleux de garder espoir, d'être fortes, car leurs bébés ont plus que jamais besoin d'elles.

Je veux dire aux papas qui accompagnent leur famille avec dignité dans ce parcours surréaliste que leur rôle est d'une importance capitale, et qu'ils ne se sentent pas mis à l'écart. Ils ont toute leur place. Qu'ils soient là, protecteurs et rassurants, tout simplement.

Enfin, je m'adresserai aux femmes qui n'ont pas encore d'enfants, aux trentenaires modernes qui me lisent en rentrant du Baron, une Marlboro light au bec, encore sous l'effet de leur dernière caïpirinha, et qui affectionnent leur liberté au point de se dire qu'un nourrisson la leur retirerait. C'est absolument vrai… mais Dieu que c'est bon !

Je m'adresserai aussi aux quarantenaires qui n'ont jamais franchi le pas et qui se disent avec une résignation désabusée qu'à présent il est trop tard… Croyez en votre chance, croyez en l'avenir. Je leur dirai qu'il n'est pas trop tard pour se réveiller avec le sourire innocent d'un poupon bien nourri, pas trop tard pour assister – avec cette inévitable mièvrerie propre aux nouveaux parents – aux premiers éclats de rire de votre rejeton.

Quand je regarde mes deux bébés aux yeux clairs et à la peau de porcelaine, je suis fière, si fière…

Et j'oublie l'essentiel, le primordial : j'oublie de dire que, quelle que soit la rudesse du combat pour arriver jusqu'à eux… il en vaut la peine.

Lola MAROIS

Introduction

Enfin vous voilà, mes deux bébés réunis. Enfin avec nous à la maison ! Vous dormez sereinement dans vos petits berceaux. Vous dormez sans masque, sans aide respiratoire, sans tuyaux. Vous pourriez passer pour des bébés comme les autres, mais nous savons, votre père et moi, tout ce que vous avez déjà accompli pour pouvoir nous rejoindre. Nous avons tant de mal à croire à notre bonheur que nous retournons à pas de loup, un peu plus souvent encore que de jeunes parents ébahis, vérifier que vous êtes bien là, admirer votre sommeil tranquille de bébés bien portants.

Quinze jours plus tôt

Je n'en reviens absolument pas, j'ai du mal à croire que je suis en train d'écrire ces lignes, pourtant c'est bel et bien la réalité : Bella Bigard, tu rentres à la maison !

Même si mon bonheur ne sera complet que lorsque ton frère nous rejoindra, je ne peux m'empêcher de savourer cette première victoire. Je vais enfin pouvoir présenter cette petite rescapée à sa famille, à sa grand-mère, à sa tante qui piaffent d'impatience. Imaginer leur air rayonnant quand elles découvriront ton petit visage qui ne demande qu'à sourire me comble de joie.

*
* *

Quel grand moment que cette sortie victorieuse avec, dans mes bras, mon nourrisson de 2,6 kilos, surenveloppé, couvert comme pour affronter les rigueurs de l'hiver sibérien. Oui, je suis une mère juive de grands prématurés, ça fait beaucoup.

En vidant son casier, j'aimerais pouvoir me dire que je ne reviendrai plus ici, mais mon petit garçon doit rester encore un peu. Sa maman viendra lui tenir compagnie tous les jours, jusqu'à sa sortie, qui j'espère sera pour bientôt.

Après les recommandations de la pédiatre sur les vaccins, le lait, les médicaments et vitamines à administrer à Bella, nous sommes libres. Son papa et moi marchons triomphants, en suivant ce panneau hypnotique, celui où est écrit « SORTIE ».

Nous marchons vite, comme si nous avions peur que quelqu'un nous retienne, nous rappelle, nous réveille de ce rêve que nous sommes en train de vivre. Pour la première fois de sa courte vie, ma fille va respirer l'air, le vrai, elle va sentir le vent sur son visage, qui va, en cadeau de bienvenue, chatouiller sa petite joue de satin. Un court instant bien sûr, car je veux vite l'installer dans la voiture. Je ne parviens pas à l'attacher sur le siège auto, je la garde dans mes bras, tout contre moi, comme un petit moineau, pendant que le papa roule, fièrement, vers la maison.

*
* *

En entendant le bruit de la clé dans la serrure, ma mère a déjà les larmes aux yeux, ma sœur aussi. Quand elles la voient, c'est l'explosion de joie, celle que j'attendais depuis si longtemps, sans aucune assurance qu'elle se produirait un jour.

Cette rencontre est magnifique, magique. Je présente à ma fille sa famille, son appartement, sa chambre – préparée la veille, dans l'urgence, superstition oblige, et à la sueur du front de mon pauvre mari, aux prises avec l'illustre et non moins complexe marche à suivre signée Ikea.

Je contemple ma fille dans son transat rose bonbon, elle qui n'a connu que l'hôpital, qui n'a vu que des blouses blanches. Mon beau-père se penche au-dessus d'elle et pour l'accueillir lui lance un exotique *Machala*, « enchanté » en arabe. Cela me fait sourire. Je suis si heureuse, elle est sortie d'affaire, elle est là. Je lui donnerai son premier biberon à la maison. Jean-Marie et moi avons tellement attendu ce jour que nous ne sommes pas certains de ne pas rêver. Mais c'est bien la réalité.

La première nuit est courte. Bella pleure beaucoup. Il paraît que les prématurés qui ont effectué un long séjour à l'hôpital réagissent ainsi les premiers temps. Ils sont perdus, ne reconnaissent plus les voix, les couleurs, les odeurs auxquelles ils sont habitués depuis des mois. Je suis un peu dépassée. Je découvre le questionnement des jeunes parents qui ramènent leur bébé à la maison et se retrouvent livrés à eux-mêmes. Je suis presque heureuse de pouvoir enfin connaître cette problématique. Jean-Marie et moi faisons mine de tout savoir, de tout connaître, mais une certaine panique s'empare de nous. Les fameuses questions se bousculent. Allons-nous savoir gérer ? Allons-nous être de bons parents ? Tout ça viendra naturellement, je pense, même si j'ai pour le moment le sentiment de jouer dans le remake de *Trois hommes et un couffin*, oubliant au passage tout le savoir-faire acquis au fil des semaines à l'hôpital.

Les quinze jours suivants sont un crève-cœur car je ne supporte plus de savoir mon fils à Cochin, tandis que sa sœur est auprès de son papa et de sa maman. Je trouve ça trop long, pour lui comme pour nous. Quand je passe du temps avec mon petit Jules, j'ai l'impression de délaisser sa sœur, et vice versa. Nous nous relayons, Jean-Marie et moi, pour le laisser le moins seul possible. Nous câlinons notre petit garçon, nous lui donnons un maximum de temps et d'amour pour l'aider à régler ses derniers problèmes de reflux et d'apnée. Je suis de plus en plus frustrée de devoir chaque soir me séparer de lui. Il devient si expressif. Il me sourit quand j'arrive et pleure quand je pars. C'est inhumain. Je me surprends à éprouver presque plus de chagrin que quand mes deux bébés étaient ensemble. Au moins, ils pouvaient se soutenir, unir leurs forces.

Les jours passent, sans nouvelle alerte. Sans le dire, sans oser y croire, je crois entrevoir petit à petit le bout du tunnel.

Quand, un beau jour, la phrase tant attendue est soudain prononcée. Quelques mots qui retentissent en moi et marquent définitivement la fin d'un cauchemar.

– Madame Bigard, on va pouvoir organiser la sortie de Jules.

Il est des moments dans la vie où le souvenir du traumatisme passé et la sombre routine à laquelle on s'est habitués – instinct de survie oblige – nous enferment dans une sorte de résignation qui ne laisse plus de place au changement. Je suis tellement ancrée dans cette souffrance, dans cette hospitalisation sans fin qu'il me semble inconcevable d'en sortir pour de bon.

Et pourtant c'est le cas. Deux semaines après sa sœur, tout aussi emmitouflé qu'elle, Jules rentre chez lui.

Tout comme Bella, il a gagné le droit de dormir dans son lit, de commencer à vivre comme tous les bébés, à la maison, avec ses parents. Sur le trajet du retour, un sentiment succulent s'empare de moi : j'ai réussi. Nous avons réussi. Ils ont réussi. Ils ont survécu et sans séquelles. C'est incroyable ! Pour Jean-Marie et moi, c'est la délivrance.

Présenter Jules à sa famille, qu'il retrouve sa sœur, découvre l'environnement serein de son foyer : autant de joies que je ne pensais plus possibles. Nous avons nos bébés avec nous.

*
* *

Les jours passaient et nous éloignaient de plus en plus de cette épreuve. Nous n'en garderions que le souvenir brumeux de longues journées cauchemardesques.

Nos enfants nous guériraient avec leurs sourires de nos traumatismes.

C'était certain.

I

Un très heureux événement

1

Le verdict tombe. Après six mois de tentatives soutenues par un lourd traitement hormonal et de douloureuses piqûres abdominales hebdomadaires, le miracle se produit. Je suis *enceinte.*

Quand j'apprends cette nouvelle, nous sommes au début du mois de juin. Paris sent bon la pollution, les terrasses sont pleines de gens heureux qui s'abreuvent de côtes-de-provence et se sustentent de biscuits apéritifs.

Pour ma part, je joue alors avec deux bons copains aussi déjantés que joyeux dans *Nuit de folie*, une comédie, au théâtre du Gymnase. Je pars régulièrement en tournée avec mon autre pièce : *Couscous aux lardons*. Mes priorités sont mon physique, que je veux soigné et avantageux, mon métier d'actrice, qui me passionne, et mon mari, qui doit me répéter au minimum quinze fois par jour qu'il m'aime pour satisfaire mon ego démesuré de princesse insécure. En bref, je m'applique consciencieusement à faire de mon existence une succession d'événements ludiques et excitants que rien ne doit assombrir.

*
* *

Deux mois plus tôt, j'ai perdu mon grand-père adoré, âgé de quatre-vingt-neuf ans. Il était l'amour de ma vie, je lui vouais une vraie passion, si bien que le monde s'est écroulé à l'annonce de sa mort. Ma grand-mère, autre objet d'adoration, m'avait annoncé la nouvelle au téléphone ce fameux 4 avril, à 10 heures du matin : « Papou est mort, Lola. »

Jamais je n'avais éprouvé un tel désarroi, un tel vide. Un mois durant, je l'ai pleuré deux à trois heures par jour, de ce sanglot irrépressible, salutaire et salvateur qui accompagne la perte d'un être si cher. Le chagrin a peu à peu fait place à une joyeuse nostalgie, puis au manque, omniprésent mais supportable, de lui. C'est étrange comme on s'habitue à l'absence des personnes qui nous étaient pourtant indispensables... Je me sens presque coupable de parvenir à vivre sans lui. Mon instinct de survie m'a rapidement poussée à retrouver mes repères, mes préoccupations de jeune citadine ambitieuse, à me remettre d'à peu près tout.

*
* *

Il est 16 heures quand j'appelle le laboratoire détenteur de la nouvelle qui peut faire basculer ma vie.

Je porte sans le savoir pour l'une des dernières fois mon jean Diesel extra small, troué et aguicheur. Mes cheveux longs et blonds suffisent aux éternels chasseurs que sont les hommes pour me lancer régulièrement des admiratifs : « Mademoiselle, vous êtes vraiment charmante ! », ou encore : « Oh ! là, là ! Magnifique, mademoiselle, ne changez rien surtout ! » Rassurez-vous, messieurs, je n'ai dans l'immédiat l'intention ni de me raser la tête ni de prendre 15 kilos dans chaque cuisse. Cependant, mon ventre allait s'arrondir et je m'apprêtais tout juste à apprendre la nouvelle.

Impatiente de savoir, je guette les minutes qui me séparent des résultats. C'est l'heure ! Abandonnant pour quelques instants les amis avec qui je sirote gaiement un monaco au Delaville, terrasse branchée où les comédiens pullulent, je compose fébrilement le numéro du labo. Mon cœur bat plus vite, plus fort. Depuis plus de six mois que l'on essaie de faire un enfant avec mon mari, nos espoirs ont toujours été déçus. Mais aujourd'hui, j'ai un pressentiment... Je sens que les piqûres de progestérone ont fini par faire effet. Je le sens, car je le veux... si fort.

– Oui, bonjour, c'est madame Bigard. Je téléphone au sujet de mes résultats...

Je n'ai pas le temps de poursuivre, mon interlocutrice me coupe d'un triomphal :

– C'est positif !

Je ne suis pas tout à fait certaine de comprendre, je lance :

– C'est-à-dire ?

– Eh bien, vous êtes enceinte !

Je n'en reviens pas. J'ai le vertige, je suis dans la quatrième dimension. Je regarde mes amis, de loin : allumant clope sur clope, s'esclaffant à propos de tout et de rien, dans une innocence juvénile de trentenaires attardés. J'entends mon amie, d'un an mon aînée, raconter fièrement son dernier tournage au Maroc avec Gilbert Melki. Je suis soudain à des années-lumière de tous ces gens, de toutes leurs considérations. En une minute, j'ai quitté la partie. Je n'ai plus envie de parler boulot dans cette douce ivresse printanière, plus envie de répondre aux hommes par un sourire taquin. Je veux appeler mon mari, mon homme, le père de cet embryon, pour lui annoncer la nouvelle.

« Je suis enceinte. » Ces mots résonnent dans ma tête sans que j'en mesure pleinement le sens. En tout cas, une chose est sûre, mon premier sentiment est une joie immense, débordante.

Mon mari est aux anges, tombe des nues. Il hurle de joie au téléphone, je dois rentrer immédiatement à la maison car il veut prendre la mère de son enfant dans ses bras. Tout de suite. Il est fier. Il n'en peut plus d'excitation, il ne tient pas en place. L'un des traits de caractère de Jean-Marie, c'est de ne jamais faire dans la demi-mesure. Quand il est heureux, il l'est à l'extrême – et inversement quand il est malheureux, mais son amour forcené pour la vie l'extirpe rapidement de cet état. J'aime tant la démesure avec laquelle il appréhende les événements…

J'abandonne tout le monde pour aller fêter ça, comme il se doit, avec l'homme que j'aime. Je ne peux plus penser ni parler d'autre chose. Il vaut mieux que je parte avant de trahir mon secret bonheur. Ce soir-là nous sommes,

À demain mes amours

Jean-Marie et moi, le plus heureux des couples. Nous baignons dans une plénitude magnifique ; nous souhaitons le crier haut et fort à qui veut bien l'entendre.

Je suis *enceinte*.

2

Les jours qui suivent sont placés sous le signe d'un bonheur sans nuages. Je me sens déjà différente. Je suis si fière, de cette fierté qu'on ressent quand on vient de décrocher son plus beau rôle. J'ai gagné au loto, j'attends un bébé. Un petit bébé. Une fille ou un garçon ? Je ne sais pas encore, en tout cas un petit être est en train de grandir à l'intérieur de moi.

Nous sommes en week-end à Cannes lorsque j'effectue la deuxième prise de sang de contrôle, afin de vérifier que tout est normal. Quand je vais chercher les résultats, on m'informe avec un sourire complice que, pour être enceinte, je suis bien enceinte, au vu de mon taux de HCG (hormone gonadotrophine chorionique, de son petit nom) particulièrement élevé.

Qu'entendent-ils par là ? Apparemment, il serait possible qu'il y ait deux « sacs », comme ils disent... Deux « sacs » ? Deux bébés donc... Le choc. Dois-je en rire ou en pleurer ? Je préfère ne pas y penser et attendre – patiemment ou presque – l'échographie de la semaine suivante... Il sera toujours temps de paniquer à ce moment-là. Le principal, c'est d'être enceinte.

*
* *

Arrive enfin le jour de l'échographie déterminante. Dans la salle d'attente, nous trépignons d'impatience, évoquons déjà tous les possibles avec des « et si ». Je m'interdis encore de penser à l'éventualité de deux bébés ; c'est simple, ils ont dû se tromper. Enfin vient notre tour. Mon gynécologue obstétricien, après examen et lecture attentive de mes résultats d'analyses, m'annonce avec le calme olympien dont il ne semble jamais se départir qu'il y a bien deux sacs. Deux embryons. Deux bébés, quoi. Je suis complètement dépassée par les événements. J'ai envie de dire à mon cher docteur qu'il ne sert à rien de conserver cette sérénité imperturbable et agaçante pour m'annoncer une telle nouvelle.

Nous échangeons avec Jean-Marie ce regard complice des couples qui se connaissent par cœur. Nous savons l'un et l'autre quel sentiment nous envahit : la *peur*.

Deux petits êtres à protéger, deux vies qui dépendront étroitement, entièrement de la nôtre. Nous nous aimons énormément, passionnément même, pourtant la réalité de cette immense – double – responsabilité s'empare de nous de manière irrépressible.

La peur laisse place, de façon absurde, à la panique quand, brusquement, le côté pratique me saute aux yeux. Il va falloir tout acheter en double. Les couches, les vêtements, les biberons, le lit, la poussette, les lingettes Mustela. Prévoir double dose de patience, sachant que ça n'est, à la base, pas notre fort…

En l'espace d'une semaine, nous passons de l'état de couple d'artistes aisés, libres comme l'air, sans autre attache que notre mariage, à celui d'adultes responsables en charge de deux petites vies. Une semaine et nous nous retrouvons à la tête d'une famille – presque – nombreuse.

Deux nourrissons. Je n'en reviens toujours pas. Je suis abasourdie. Les médecins m'avaient bien expliqué que la stimulation hormonale pouvait favoriser les grossesses multiples, mais persuadée – à tort – d'être stérile, je ne m'étais pas sentie concernée par la question. Comme quoi, « ça n'arrive pas qu'aux autres ». Nous quittons le cabinet immaculé de mon placide médecin encore bouleversés. Nous oscillons entre la crainte et le bonheur de cette nouvelle vie. Une chose toutefois nous rassure :

nous avons le temps.

De longs mois nous séparent de cette échéance... C'est encore abstrait.

C'est du moins ce que nous pensons...

*
* *

J'avoue qu'il me faudra quelques jours pour digérer la nouvelle. Jean-Marie, pragmatique, sait déjà que nous leur offrirons tout notre amour et que tout ira bien. Quant au matériel, ça n'est que du matériel. Pour ma part, je suis terrifiée.

Un midi, je débarque en larmes chez ma mère. Je suis pétrifiée, j'attends deux bébés. En réalité, c'était ma hantise, voilà pourquoi je refusais d'en envisager la possibilité. Je n'arrête pas de répéter en boucle :

– Mais comment veux-tu qu'une fille comme moi, aussi désorganisée, aussi immature, puisse gérer tout ça ? Je ne saurai jamais.

Comment lui expliquer que je me sens prise au piège, alors même que j'étais prête à tout pour tomber enceinte, n'hésitant pas à donner un coup de pouce à une nature trop dilettante à mon goût ? J'ai péché par impatience et par caprice de vouloir tout, tout de suite. J'aurais dû attendre de tomber enceinte naturellement, au lieu de me la jouer star américaine. Je ne suis pas Angelina Jolie, je n'ai pas l'âme d'une mère du monde et, tout à coup, la perspective de voir mon ventre transformé en microcrèche me navre plus qu'elle me réjouit.

J'ai l'impression d'être emprisonnée dans un corps étrange qui ne m'appartient plus depuis qu'il abrite deux embryons. Je ne sais plus si je suis heureuse, je me demande même pourquoi je me suis mise dans une situation aussi merdique. Je suis enfermée dans ce grotesque guet-apens qu'est la grossesse gémellaire.

Cette appellation, « grossesse gémellaire », résonne dans mon esprit comme une infirmité. Moi qui aspirais à voir mon ventre s'arrondir, ma silhouette gracile s'épanouir au fil des mois, je redoute à présent de devenir informe.

Je suis paniquée à l'idée de soumettre mon corps de jeune fille, mon atout charme, mon meilleur allié à des transformations terrifiantes. Quelle ironie : je me dégonfle avant même d'avoir gonflé.

Ce jour-là, ma pauvre mère a beau me rassurer par des paroles apaisantes, dire que tout ça est fabuleux... je ne veux rien entendre, je voulais *un* bébé, *un seul*, pour me consacrer à lui pleinement, pour être certaine de lui offrir toute mon attention, tout mon amour. Je ne peux décidément rien faire comme tout le monde ; par mon caprice, je suis une paria. Je voulais être dans la norme pour une fois, me fondre dans la masse. Eh bien non, c'est raté. Ces deux sacs me marginalisent, malgré moi. Il faut à nouveau que je me fasse remarquer, pointer du doigt. Je me déteste.

Ma mère qui, quand j'étais enfant, partait pour ne pas me voir pleurer – faisant au passage redoubler mes sanglots – m'apaise de douces paroles et de conseils pleins de bon sens. Il faut que je me reprenne, que je voie le bon côté des choses. Je vais avoir deux bébés, ils pourront jouer ensemble, ils ne connaîtront pas l'ennui, ils n'éprouveront pas le chagrin d'être enfant unique. Ils ne se sentiront jamais seuls, contrairement à moi qui ai dû attendre dix longues années avant de connaître la joie d'avoir une petite sœur… Je suis sensible à l'argument. Nous verrons bien, après tout ; je décide de me laisser porter.

3

Durant les trois semaines qui suivent l'échographie, je poursuis ma petite vie comme si de rien n'était. Je persiste à fréquenter les terrasses parisiennes qui semblent peuplées de jeunes figurants au sourire Ultra Brite, payés pour faire semblant de siroter un Coca-Cola Zero. Je me dis que les gens sont tout de même assez heureux dans l'ensemble, et qu'il est facile, en se sociabilisant un peu, d'avoir l'illusion d'une vie bien remplie.

La mienne l'est en tout cas, je n'ai pas changé grand-chose à mon quotidien, sinon que le jus de tomate a remplacé le martini rouge. Oui, ces derniers jours m'ont ramenée à la raison. J'ai fait taire mes angoisses et mis en sourdine ma panique, je commence à apprécier ce nouvel état. Je suis fière de boire des Vittel-menthe en feignant d'en être frustrée. Je suis fière de me justifier d'un air faussement embarrassé : « Je suis enceinte », et de renchérir : « Ce sont des jumeaux. »

Je réalise qu'il n'est pas « douloureux » de vivre sans alcool, il faut juste avoir une bonne raison de s'en passer, et pour ma part, je l'ai..

Je deviens très vite une louve protectrice, plus hygiéniste que la plus saine des macrobiotiques. Il est hors de question que je fasse courir le moindre risque à mes petits bébés. Plus une cigarette, plus un verre d'alcool, et une alimentation saine. Je veux qu'ils soient parfaits à l'arrivée, deux beaux poupons bien nourris comme ceux qu'on voit dans les pubs et les magazines pour futures mamans.

Cependant, je ne tarde pas à être le jouet d'un ascenseur hormonal et émotionnel qui ne cesse de me balader entre l'appartement-terrasse et la cave. Heureusement mon mari est un amour, comme toujours. Vous avez peut-être l'image un peu bruyante de son personnage public, mais sachez qu'il fait partie de ces hommes si prévenants et rassurants qu'ils deviennent très vite indispensables à une femme. Depuis que je suis avec lui, je me plais à me glisser sous son aile, à jouer à la petite fille qu'un papa fort et puissant protège des méchants. Et Dieu sait que j'en ai croisé, des méchants ; j'ai connu l'insécurité, la solitude, la perdition. Cet homme m'a extirpée d'une vie inconsistante, dénuée de sens, d'une existence vaine et égoïste faite d'illusions et de désillusions. Nos deux âmes écorchées se sont trouvées et apaisées pour le meilleur et le pire.

Notre mariage, il y a un an et demi, a été le point final à ma peur viscérale de l'abandon et le début d'un conte de fées auquel j'ai encore du mal à croire.

J'ai toujours voulu suivre le chemin inverse de celui de ma mère, dont la vie de bohème et sans attaches m'avait servi de contre-exemple. La preuve, je n'ai eu que trois « vrais amoureux » ; les deux premiers m'ont méchamment brisé le cœur, le troisième m'a épousée. J'ai toujours rêvé de faire les choses dans l'ordre : je voulais me marier, puis avoir des enfants. Je m'apprêtais à réussir ce pari, avec l'homme que j'aime, et qui pourtant m'avait dit en me rencontrant : « Tu sais, chérie, on ne pourra jamais fonder une famille, toi et moi, je ne suis pas libre. »

Sans m'étendre sur le sujet, mon mari avait déjà offert le mariage et l'enfant à une autre femme, avec laquelle il ne vivait pas et dont le lien se résumait à l'attachement et à l'affection.

Je suis parvenue à lui faire choisir l'amour, le vrai, qui passe par le bonheur d'habiter avec quelqu'un, de se réveiller auprès de lui après une nuit d'amour... toutes ces joies qu'il avait oubliées.

*

* *

Les jours passent si vite quand on est heureux... Mais au bout de trois semaines idylliques de grossesse, je suis prise d'une nausée ravageuse. Probablement ces fameuses nausées matinales du premier trimestre dont on reparle presque avec émotion une fois qu'elles sont passées ? Il n'en est rien. Cet état dure, encore et encore, toute la journée, puis le lendemain, puis le surlendemain. Aucune solution, aucun remède à ce calvaire. Je souffre d'une forme extrême et rare qui peut mener à l'hospitalisation. À quelques mois près, j'aurais pu me retrouver voisine de chambre de Kate Middleton. Je jongle avec toutes les marques existantes d'antinauséeux. Je tente même de les avaler par trois. Je ne pense pas qu'on puisse mourir d'une overdose de Vogalib, en revanche cette maudite nausée, elle, pourrait bien avoir ma peau.

Je ne sais plus quoi faire. La nausée s'accroît, me ronge. J'en pleure à gros sanglots. Je cours, ou plutôt je me traîne de médecin en médecin en suppliant qu'on m'aide. Je suis au plus mal. Je ne parviens pas à encaisser ce niveau de souffrance ; je proclame que je donnerais deux tailles de mes déjà trop petits seins pour en être débarrassée. Dans les moments de crise aiguë, qui me laissent K-O, j'en viens à vouloir renoncer si cela peut mettre fin à mon calvaire. Patiemment, mon mari me répond que je ne sais pas ce que je dis, que ce supplice me fait sans doute perdre la tête, mais qu'il faut que je sois forte, que je me montre courageuse.

Mes demandes sont de plus en plus insolites : j'en arrive à réclamer qu'on m'hospitalise afin de me plonger dans un coma artificiel, et qu'on me réveille dans deux mois. En tout dernier recours, je me transforme en poupée vaudoue grandeur nature et tente l'acupuncture avec une Chinoise à la mine patibulaire qui me transperce d'aiguilles des pieds à la tête. En vain.

Tout le monde me confirme que les nausées durent trois mois, pas plus. Mais malgré toutes les paroles de réconfort et les placebos, la sévérité et l'intensité de ce symptôme me font craindre de ne pas pouvoir tenir tout ce temps-là. On est loin d'un « mal au cœur » tenace.

Ne pouvant plus travailler, je suis contrainte d'arrêter les deux pièces dans lesquelles je joue alors. Je suis l'ombre de moi-même. Je n'ai même plus la force de me laver, je ne peux que manger le strict minimum pour tenir. Cette nausée n'a plus rien de mignon, elle me rapproche des malheureux cancéreux sous chimiothérapie. Je veux que ce cauchemar s'arrête. Pitié, mon Dieu, que cela cesse !

4

Les semaines passent et mon état s'améliore. Les nausées se font plus discrètes la journée, mais reprennent de plus belle le soir. Les fameux trois mois de mal-être extrême touchent à leur fin, et s'achèvent comme par miracle le jour de notre départ pour Cullera, le 10 juillet.

Cullera. Un petit village de bord de mer, au sud de Valence. Cet endroit est ma madeleine de Proust : un lieu où les odeurs, les couleurs, la qualité de l'air, les gens si simples et si hétéroclites me replongent immédiatement dans un tourbillon d'heureux souvenirs. Je savais qu'en y arrivant, tous mes soucis s'envoleraient, et c'est le cas. À peine l'avion posé sur le sol valencien, je suis guérie, je ne souffre plus.

Ce village a été le joyeux témoin de toutes mes premières fois. Premier bain de mer, à six mois. Premier flirt, à douze ans. Première cuite, à douze ans aussi – le même soir que le premier flirt. Et, enfin, première expérience sexuelle à quinze ans et demi avec le sosie de Leonardo DiCaprio version petit délinquant hispanique viril et audacieux. Je suis restée cinq ans avec ce premier amour, au point de vouloir tout quitter pour m'installer avec lui, ouvrir une de ces petites boutiques de fringues bas de gamme, tandis que lui continuerait à réparer des ascenseurs tout en dealant un peu de shit pour arrondir ses fins de mois.

J'avais seize ans.

C'est donc très loin de ces humbles aspirations que j'arrive cet été-là. J'ai une carrière plutôt prometteuse, je suis mariée à un homme qui n'a plus rien à prouver, brillant, drôle et d'une finesse rare – bien loin de son étiquette de comique grossier. Je suis comblée. J'ai vingt-neuf ans et je suis enceinte de jumeaux.

Mon début d'été est assez étrange ; je ne suis pas vraiment en harmonie avec moi-même. J'apprécie de pouvoir enfin revivre quelque peu normalement, mon infernale nausée étant devenue très supportable. Cependant, mes vieux démons me rattrapent : cela est très puéril, extrêmement superficiel, mais je suis frustrée d'être enceinte en été. Ce qui m'irrite le plus, c'est de ne plus avoir le droit de m'amuser comme avant. À Paris ce n'est pas grave, mais à Cullera, c'est inhumain…

Cet endroit est incompatible avec mon état, je me sens comme une ado privée de sortie, condamnée à regarder à travers les lunettes de la sagesse mon entourage insouciant. Et je ne suis pas sûre d'être prête à ça. Je suis tiraillée entre l'envie de couver ces deux petits êtres avec joie et sérénité, et celle de me déchirer aux chupitos de vodka multicolores en dansant sur des tubes éphémères jusqu'à en avoir des ampoules aux pieds. À mi-chemin entre le désir d'être maman et celui de rester bien au chaud, à l'abri des pages jaunies de Vladimir Nabokov.

L'été a pour moi toujours été synonyme de fête, de chaleur, d'excès… J'aime faire dorer mon corps au soleil sans protection, aux mauvaises heures, celles qu'on nous interdit à la télé, de la même manière qu'on nous demande de consommer de l'alcool avec modération. Quelle idée saugrenue que d'être modéré. Pour quoi faire ? Dans quel but ? Vivre plus vieux ? Si le prix à payer pour ne pas avoir de cancer, c'est d'être blanc comme un cul, de ne pas connaître l'ivresse, de ne pas rire trop fort, ne pas jouir trop fort… alors franchement, je crois que je trouverai vite le temps très long. Pour prendre mon mal en patience, je pense à mes bébés.

Si au moins je pouvais exhiber un gros ventre bien rond, je serais fière, je pourrais me pavaner. Mais mon abdomen hésite encore : ni plat, ni franchement gros. C'est un bidon de buveuse de bière qui vient timidement casser ma silhouette filiforme. Les gens doivent penser que j'ai dû manger trop de paella – ce qui n'est pas faux d'ailleurs. En tout cas, l'entre-deux de mon corps illustre à merveille mon état d'esprit. Entre la félicité et l'agacement.

Je dois admettre que je suis assez exécrable avec mon cher et tendre. Tout m'énerve. Je l'aime trop, puis pas assez, je suis heureuse, puis inconsolable. J'ai envie de lui, puis plus du tout.

En bref, je suis enceinte.

Au mois d'août, tout est différent. Mon ventre grossit enfin de manière significative. Mon mari et moi sommes plus amoureux que jamais et, malgré mes humeurs inconstantes de femme enceinte insupportable, il fait preuve d'une extrême tendresse.

De retour à Paris, c'est le bonheur. J'aime tellement être enceinte, je n'en finis plus de m'en glorifier. Les gens me cèdent une place assise dans le bus, la caissière vient me chercher au bout de l'interminable file des grandes surfaces pour me faire passer en priorité, sous le regard bienveillant des autres ex et futures mamans. Je me sens respectée, on me traite avec égards. Pour la première fois, j'ai l'impression de ne plus agacer personne, de faire partie de ce clan respectable et convoité des femmes qui donnent la vie.

Oubliés, les premiers mois de désagrément et d'incertitude. Mon état m'épanouit chaque jour davantage, j'aime porter ces deux petits êtres en développement dans mon ventre, tout en restant belle et active. L'image que me renvoie mon miroir cette fois me satisfait ; mon ego y trouve son compte. Belle, enceinte, conquérante, je me sens invincible.

Mon tumultueux mari et moi sommes apaisés, comme déjà assagis par l'arrivée prochaine de nos bébés. Fini les engueulades théâtrales dont nous avons le secret, fini les portes qui claquent. Il n'y a plus de place pour la mauvaise humeur, nous aimons cocooner, nous satisfaire de plaisirs simples, en attendant de *les* rencontrer.

5

Le grand jour est enfin arrivé : nous nous apprêtons à découvrir le sexe de nos enfants. C'est si excitant et si plaisant d'attendre ce verdict. À ce jeu-là on gagne à tous les coups. Car oui, dans tous les cas, ça serait une merveilleuse nouvelle, même si Jean-Marie et moi rêvons en secret du luxe suprême : le fameux choix du roi, une fille et un garçon. Je sais pertinemment que mon mari, déjà papa d'un petit garçon, rêve d'une fille. Moi, j'aimerais par-dessus tout lui offrir une poupée, une mini Lola, qui deviendrait la fille de son papa.

Il fait doux sur notre capitale, le temps et l'ambiance sont propices à accueillir une bonne nouvelle. Le docteur nous fait patienter vingt longues et interminables minutes. Quand il nous reçoit, j'ai les mains moites, mon cœur bat à cent à l'heure, je peux entendre les battements de celui de mon mari tant ils sont forts et rapprochés. Le médecin me demande de m'allonger et de soulever mon tee-shirt. Je m'exécute, en proie à la même montée d'adrénaline que si je m'apprêtais, avec cette appréhension délicieuse, à grimper dans notre bon vieux Space Mountain.

Le docteur promène la poire glacée sur ma peau tendue, avec l'assurance tranquille et la certitude du spécialiste. Nous sommes sur le premier sac, celui de droite. Il décortique et mesure ce petit corps millimètre par millimètre. Nous ne l'écoutons que d'une oreille distraite, ce que nous voulons, Jean-Marie et moi, c'est connaître le sexe. Quand ce briseur d'ambiance va-t-il cesser de nous torturer avec tous ces chiffres ? Enfin, au bout d'un quart d'heure, il nous annonce :

– C'est un garçon.

Mais Jean-Marie souhaite tant une petite fille… Et soudain j'ai une vision d'horreur : pitié, pas *deux* garçons ! Je me vois dans un futur proche, esclave éreintée de mes deux petits mecs, turbulents, démoniaques, qui se bagarreraient pour jouer avec le train électrique et colleraient leurs crottes de nez sous la table du salon.

– Nous allons passer à l'autre sac, dit-il de son intolérable voix tranquille, comme si nous devions, quoi qu'il arrive, accepter notre sort sans complainte.

Nous sommes en apnée. Le docteur décortique l'autre petit corps dans ses moindres recoins, et nous annonce fièrement que tout y est, que tout est bien normal. Devant notre puéril manque d'intérêt sur le point essentiel, la santé, il nous rappelle à l'ordre :

– C'est quand même important de savoir ça, non ?

Oui, bien sûr c'est important... Mais comment expliquer que nous étions sûrs qu'ils allaient bien, que nous nous pensions invulnérables ? Le suspense n'a que trop duré. On veut savoir le sexe avant que je tombe en syncope, avant que la crise d'hypoglycémie de mon diabétique de mari ne le tue avant même qu'il ait pu changer la couche d'un de ses rejetons. Nous sommes à deux doigts de l'explosion quand, les yeux rivés sur l'écran, le docteur annonce avec fierté :

– C'est une petite fille.

Jean-Marie et moi fondons en larmes. Impossible de contenir davantage notre joie. Une fille et un garçon. Quel bonheur, quelle indécente fortune.

Nous sortons de ce cabinet après avoir remercié mille fois le médecin, qui pourtant n'y est strictement pour rien. Nous voulons partager la nouvelle avec la Terre entière, et mettons aussitôt nos iPhone et BlackBerry au travail. Tout le monde y va de ses :

– Oh, c'est merveilleux !

– Le choix du roi !

– Quelle chance…

C'est un tel moment de liesse… Je ne réalise pas bien, mais je sais en tout cas que ce qui nous arrive est extraordinaire.

Mes premiers coups de fil sont pour les trois femmes de ma vie : ma mère, évidemment, ma grand-mère maternelle en Espagne, puis ma sœur. Les trois réagissent à l'identique, en bonnes femmes juives qu'elles sont, elles hurlent, elles pleurent, elles s'esclaffent. En effet, dans ma volcanique et méditerranéenne famille, aucune nouvelle, bonne ou mauvaise, n'est accueillie dans la retenue, le calme, la joie maîtrisée. L'intériorisation ? très peu pour nous. Chez nous, on est hystériques, point.

*

* *

Toujours sur mon nuage, j'entre dans mon cinquième mois de grossesse. Je connais l'émotion et la surprise des premiers coups de pied : mon garçon tape le premier, ma fille, quelques jours plus tard. Ses coups à elle, déjà, sont délicats, je perçois toute la finesse de cette princesse dans son impérial et impérieux coup de peton.

L'incontournable casse-tête du choix des prénoms commence à occuper nos esprits.

Mon mari adore « Jules ». Il trouve que « Jules Bigard », ça sonne bien, un peu comme « Jules César ».

Je trouve que c'est justement le problème.

Ma mère raffole du prénom « Bella ». Elle me supplie, me harcèle presque quotidiennement de donner à ma fille le prénom que, petite, elle avait attribué à sa poupée. Je lui oppose que non seulement nous risquons de passer pour des fans de la trilogie *Twilight*, mais qu'en plus, si par malheur son physique n'est pas avantageux, s'appeler Bella pourrait vite virer au cauchemar. Inenvisageable pour elle dont l'indécente beauté a toujours guidé et influencé la vie. Cela fait partie des nombreuses idées fixes de ma charmante et si têtue maman.

*
* *

C'est dans cette heureuse attente de la rencontre avec ces petits bébés que surviennent, sournoisement, mes premières contractions.

6

Je suis dans ma vingt-quatrième semaine de grossesse quand je suis rattrapée par l'épidémie de gastro-entérite, qui m'atteint de plein fouet et me laisse très affaiblie. Les spasmes de ces derniers jours ont-ils pu transmettre des informations contradictoires à mon corps ? Quoi qu'il en soit, je ressens des contractions suffisamment douloureuses et rapprochées pour réveiller en hâte Jean-Marie un dimanche matin, et pour que nous roulions, au plus vite, en direction de l'hôpital Foch. En ce début de mois d'octobre, le ciel est d'un joli bleu uniforme, le temps est sec, un peu frais, à la new-yorkaise. Nous avions pour projet de déjeuner dehors aujourd'hui, le sort va en décider autrement.

À l'hôpital, on me prend en charge sans attendre. On m'ausculte avant de m'envoyer à l'échographie qui sera suivie d'un examen du col de l'utérus. L'échographie est rassurante : tout va bien ; les poches des eaux ne sont ni percées ni fissurées, mes bébés sont parfaits. Au spectacle des petites jambes et des petits pieds de ma fille, je suis prise d'un élan d'amour pour ce petit être en devenir. Je suis soulagée. Déjà, je retrouve le sourire.

– Attendez, madame, il faut encore vérifier votre col, me dit une femme médecin d'un ton alarmant qui me glace le sang.

Elle qui me semblait gentille et rassurante devient tout à coup angoissante. Jean-Marie et moi sommes tentés de nous en tenir à l'échographie et de nous sauver, au moins, comme ça, nous regagnerions la maison bercés par l'illusion d'une bonne nouvelle. Mais la douleur se charge de me rappeler à l'ordre. Me voilà donc contrainte de suivre le médecin dans son cabinet. Quelques minutes avant le palper du col, je m'imagine encore me remettre de mes émotions de la matinée, attablée devant une entrecôte à point, à la terrasse de Chez Francis. Mon mari est dans le même état d'esprit ; il n'envisage pas autre chose. Mon sac et ma veste à la main, il attend patiemment cet ultime examen de contrôle.

– On va devoir vous garder, madame Bigard.

En un instant, en une phrase, la vie bascule. Le regard que nous échangeons avec Jean-Marie est chargé d'incompréhension, d'inquiétude, de peur.

– Me garder, mais pourquoi ? Que se passe-t-il ? Je croyais que tout allait bien ?

– Votre col de l'utérus est ouvert sur deux centimètres, vos poches ne sont pratiquement plus soutenues, vous allez devoir rester totalement alitée si vous voulez avoir une chance de garder vos bébés.

Le ciel me tombe littéralement sur la tête. La tempête commence et n'est malheureusement pas près de s'arrêter. Je suis dévastée. Tout était si merveilleux il y a seulement quelques jours. Jamais je n'aurais pu penser qu'une telle menace pourrait planer sur nous. Ce genre de tuiles n'arrive qu'aux autres d'habitude. Comme mes envies d'entrecôte sont déjà loin…

Trois minutes après le cataclysme, je me retrouve sur le lit où l'on m'avait installée avant l'échographie, avant que tout bascule. Mes bébés pèsent 400 et 500 grammes. Ce qui est très bien à vingt-quatre semaines d'une grossesse sans problème devient beaucoup trop peu quand il est question de déclenchement prématuré. Nous vivons un cauchemar.

Quand débarque le pédiatre de garde, son accent du soleil et son expression joviale ne se prêtent pas à la glaçante nouvelle qu'il m'annonce sans tact aucun : si les bébés devaient arriver maintenant, ils ne survivraient sûrement pas.

Un flot de paroles terrifiantes me parviennent ensuite confusément, un brouhaha, des mots qui résonnent dans la bouche de l'interne et des infirmières. Je suis prise dans un tourbillon macabre. Je ne discerne même plus leurs visages, leur sexe. Qui sont-ils ? Que me veulent-ils ? J'en perçois des bribes :

– *À partir de maintenant, chaque jour de gagné est une victoire.*

Essaie-t-on de me mettre en garde sur ce qui pourrait arriver en me présentant les scénarios les plus sombres qui soient ? Je ne veux pas savoir. Laissez-moi, j'aimerais que tous ces trouble-fête sortent de la pièce. Ils viennent de m'annoncer que je risque de perdre mes bébés. Ou de les voir arriver sur terre pour tenter de survivre, avec tous les risques et les séquelles qu'engendre la prématurité extrême. Je veux qu'on me laisse tranquille. Maintenant. Avant que je perde connaissance, avant que je suffoque et que je meure d'angoisse.

Pour stopper les contractions et éviter le pire, on va m'injecter un produit miracle, le Tractocile. Comme je ne réagis pas, sourde à leurs tirades, ils me proposent un Lexomil pour me « détendre ». Me détendre ? Je voudrais juste me ressaisir, reprendre mes esprits, faire face à la situation. Sans eux. Je ne peux plus me contenir et finis par lancer :

– J'aimerais rester seule avec mon mari, si vous voulez bien sortir, merci.

Je les vois à cet instant comme auréolés de leurs compétences, fiers d'être médecins, internes, infirmiers, fiers d'appartenir à cette noble confrérie des sauveurs de vies. Je suis sûre qu'ils sont surtout heureux d'être à leur place, et pas à la mienne. Je les envie tellement.

Mon mari et moi sommes effondrés et laissons éclater nos larmes. Enfin surtout moi. Avec la pudeur qui le caractérise, mais grave d'inquiétude, Jean-Marie me prend dans ses bras, me berce, me console.

– Ça va aller, mon amour, ils vont te perfuser avec ce produit, et ça va arrêter tes contractions, tu verras.

L'équipe médicale revient déjà et me demande maladroitement si je me suis calmée, comme on le ferait pour une toxicomane en manque d'héroïne.

– Oui, dis-je pour couper court à toute conversation.

– Bon, c'est bien, on va vous perfuser.

Je suis prise d'un élan infondé de haine envers ce personnel hospitalier. Ils sont soudainement les profs qui m'ont trop souvent punie, les flics en uniforme que j'ai toujours exécrés, les premiers de la classe que je voulais gifler. Ils forment une sorte de caste qui, par son savoir et ses pouvoirs, ferme à double tour la porte des croyances irrationnelles et donc celle de l'espoir. Ces médecins sont en fait tout ce que je ne suis pas : des gens qui suivent le protocole dans un inflexible automatisme que trop d'années de théorie et d'apprentissage ont privé d'humanité, et parfois même de clairvoyance. Avec le recul, je sais qu'ils ont fait ce qu'il fallait, mais, de la même manière que dans les films, je me range toujours du côté du truand, j'ai du mal à m'en remettre à l'autorité.

Grâce au Tractocile, les contractions s'arrêtent. Je me fais à l'idée de passer une semaine hospitalisée en observation. Je n'aurai le droit de me lever que pour me rendre aux toilettes.

*
* *

Chaque jour qui passe me conforte dans l'idée que je vais garder mes bébés dans mon ventre et pouvoir rentrer chez moi. Quitte à vivre les prochaines semaines couchée, autant que ce soit dans mon lit, chouchoutée par l'homme de ma vie.

Pourtant, le huitième jour, rien ne se passe comme prévu. Jean-Marie et moi sommes têtus, c'est notre première qualité. Je refuse catégoriquement qu'on me refasse un examen du col, qui, à ce stade de la grossesse, ne servirait en effet à rien. Il est trop tard pour agir et le ligaturer, cet examen risque juste de déclencher l'accouchement.

– PERSONNE NE ME TOUCHE.

... Du moins tant qu'on ne m'aura pas convaincue du bien-fondé et de la nécessité d'un examen aussi intrusif et dangereux pour mes bébés.

Mon mari me suit dans mes idées fixes avec amour. Il me fait confiance, et je lui en sais infiniment gré. Il a cette façon de me donner raison et de se ranger de mon côté pour les décisions les plus délicates et contestables qui me rappelle chaque fois qu'il est mon allié, pour la vie. Je demande des explications médicales, on me répond protocole, gynécologue référent en vacances et qu'il faut attendre trois jours pour procéder à cette petite vérification. Leur examen du col ? Sans moi. Je signe une décharge selon laquelle je suis consciente du danger de la situation et dégage l'hôpital de toute responsabilité : « Risque de fausse couche tardive ou d'accouchement prématuré pour Mme Bigard, qui refuse d'être transférée dans un hôpital de niveau trois. »

C'est bon, j'avais compris.

Mon mari me transporte en chaise roulante jusqu'à notre voiture ; et dans l'ascenseur, un sentiment jouissif s'empare de moi. Quel bonheur de reprendre ma liberté, de m'affranchir de ce fameux protocole qui consiste *au cas où* – au cas où quoi ? au cas où leur examen déclencherait le travail ? – à me transférer dans un hôpital équipé pour accueillir les grands prématurés, après avoir scruté mon col de l'utérus pour se donner bonne conscience, au mépris des risques. C'est une mince consolation, mais j'ai au moins la sensation de décider de mon sort, et c'est très agréable. Je me plais à penser que l'amour est plus fort que les statistiques et les livres de médecine.

J'ai repris ma liberté de manière quelque peu cavalière, si bien que cette évasion mesrinesque a dû donner lieu à bien des cancanages.

Un très heureux événement

– *On a eu les Bigard, ils sont partis contre l'avis du médecin !*

Ce n'est pas la première fois que nous agissons ainsi, et je me fous pas mal de ce que les gens peuvent penser. Nous avons enfreint ces règles car elles n'auraient en rien pu changer le cours des choses. Plus que tout, nous voulons croire que je n'accoucherai pas de sitôt.

Protégée chez moi par l'amour de ma famille, je ferai taire leurs pessimistes prévisions.

7

Tout a été organisé autour de moi pour que je n'aie pas à bouger, ne serait-ce qu'un orteil. Je suis confortablement installée face à la télévision, j'ai de quoi boire, manger et lire à portée de main, une bassine pour soulager mes besoins naturels. Je me fais masser les jambes tous les trois jours pour éviter la phlébite. En bref, je suis bichonnée comme une princesse et j'y prends presque goût.

Les jours passent et, miraculeusement, je suis toujours enceinte. Je compte les jours qui m'éloignent de ce fameux dimanche avec une certaine fierté. Vingt-six semaines. Deux semaines de gagnées depuis mon hospitalisation. Je n'ai pas eu de nouvelles contractions. Une infirmière vient me piquer la fesse tous les sept jours pour éviter qu'elles reprennent. Une sage-femme évoque aussi une piqûre de corticoïdes qu'il faudra peut-être envisager. Elle est apparemment primordiale et fait des miracles sur les grands prématurés. Elle permet aux poumons des bébés de se développer plus vite, au cerveau aussi... Une véritable révolution médicale. OK. Je la ferai, mais en temps et en heure. Pour l'instant, je suis toujours enceinte, mes bébés sont bien là où ils sont, donc rien ne presse.

*
* *

5 novembre 2012. Aujourd'hui, j'ai trente ans. Un anniversaire assez étrange puisque je le passe immobile. Entourée de ma famille proche, je ne parviens pas à me réjouir. Peu importe, j'aurai tout le temps de célébrer ça une autre fois, avec mes enfants, quand tout ira bien.

Et puis, entre nous, je ne vois pas ce qu'il y a de joyeux à ne plus faire partie de cette élite de petites garces insolentes et insouciantes dans la vingtaine. Vieillir me déprime au plus haut point. Je ne pense pas être faite pour ça. J'ai trente ans, c'est donc le début de la triste déchéance d'une femme qui s'abîme, si bien décrite par Ronsard. On va m'appeler « Madame », et bientôt on me laissera m'asseoir dans le métro, bien que pour être tout à fait honnête j'aie l'immense privilège de pouvoir éviter ce sinistre moyen de transport.

Je ne veux pas de présents, je répète à tout le monde que mon plus beau cadeau, c'est de garder mes bébés au chaud.

8

9 novembre. Vingt-sept semaines. Nous nous apprêtons avec Jean-Marie à regarder pour la dixième fois la trilogie du *Parrain*. Quand soudain, sans crier gare, surviennent ces maudites contractions.

Pitié, pas ça. Je ne veux pas y croire, ça va passer. J'attends, une demi-heure, une heure, une heure et demie, rien n'y fait. Loin de s'espacer, elles se rapprochent, s'amplifient. Il faut se rendre à l'évidence : direction l'hôpital. C'est dans un désespoir mêlé de déni, doublé d'un atroce sentiment d'échec, que nous arrivons à Necker, l'hôpital de niveau trois le plus proche. C'était si bon de voir les jours passer, si bon de se projeter dans un avenir proche où j'aurais été enceinte. Pourquoi cela m'arrive-t-il maintenant ?

Ma mère, mon beau-père et ma sœur ne tardent pas à nous rejoindre. Ils arborent tous les trois la même expression de circonstance, celle qui allie le paroxysme de l'inquiétude et l'envie d'y croire encore. Le miracle pourrait à nouveau se produire sous les traits d'une nouvelle injection de Tractocile. Nous nous raccrochons tous à cette idée, avec la féroce énergie du désespoir.

À ce moment précis, je me sens tellement vulnérable. Me voilà métamorphosée en une pauvre victime sans défense dont le destin est entre les mains d'une équipe médicale et d'une substance chimique. Après trois semaines de répit, le cauchemar recommence… Mais cette fois, quelque chose me dit qu'il va durer.

On s'empresse autour de moi. On m'allonge sur un lit au drap jaunâtre délavé ; l'odeur d'antiseptique est là pour me rappeler – comme si je pouvais l'oublier – qu'on est à l'hôpital. Ça sent la maladie, le chagrin. La pièce est sinistre, pauvre, délabrée. Je suis frappée par la réalité de l'état de vétusté de l'hôpital public. Indifférente à ce cadre déprimant, l'équipe médicale s'empresse avec savoir-faire. L'échographie révèle que les poches ne sont pas percées mais que le col est toujours ouvert sur deux centimètres. Face à la violence des contractions qui persistent, décision est prise de me faire immédiatement la fameuse piqûre de corticoïdes. Je m'incline. Je n'ai plus le choix ; ma grande gueule n'a plus rien à objecter, il s'agit d'agir vite, et de faire au mieux. Je me sens vide, je n'ai plus de forces, je suis perdue...

À leurs mines défaites, je prends conscience de la fatigue de ma mère et de mon mari. Une question me frappe alors : pourquoi les drames se produisent-ils si souvent la nuit ?

On me fait la première injection de corticoïdes. Pour plus d'efficacité, elle devrait être suivie d'une seconde dans soixante-douze heures, j'espère en avoir le temps. Cette piqûre est très douloureuse, mais c'est le dernier de mes soucis.

Malgré l'injection de Tractocile une heure plus tôt, les contractions persistent. Rien n'y fait. Je dois être transférée en urgence à Cochin où, contrairement à Necker en manque de lits, il y aura *si besoin* deux places pour accueillir mes *prématurés*... Ces mots, cette perspective m'horrifient.

Debout devant moi, comme pour me protéger, mon mari voudrait qu'on me laisse tranquille. Plus encore, il voudrait tout arranger comme à son habitude, mais il n'en a pas le pouvoir, pas cette fois.

*
* *

La notoriété a ses avantages mais aussi ses inconvénients. Elle donne parfois lieu à des scènes surréalistes dont on pourrait rire, si dans de telles circonstances elles n'étaient pas déplacées.

Quand les deux ambulanciers chargés de mon transfert arrivent, ils n'ont d'yeux que pour mon mari. Ils n'ont pour moi ni douceur, ni délicatesse. Ils sont si impressionnés qu'ils semblent en oublier la raison de leur présence, et vont même, pendant qu'ils me chargent sur leur brancard sous le regard inquiet de Jean-Marie, jusqu'à lancer des canulars inappropriés pour épater leur humoriste préféré.

Cette nuit sordide, ils se fichent pas mal que nous traversions l'un des pires moments de notre vie. À vrai dire, je ne sais pas ce qui les retient de réclamer un autographe pendant que j'agonise.

Le court trajet entre les deux hôpitaux restera à jamais gravé dans ma mémoire. Jean-Marie est monté à l'arrière avec moi, il n'en avait pas le droit, mais pour lui c'était non négociable. Ma mère nous suit en voiturette. Les deux armoires à glace maudissant la circulation tout en déblatérant sur des sujets sans importance nous tapent sur le système. Nous sommes à des années-lumière de leurs cancanages. Nous n'avons qu'une envie : leur dire de se taire et de nous laisser vivre nos tourments en paix.

À Port-Royal-Cochin, aux urgences maternité, je n'ai pas le temps de me rappeler que je suis claustrophobe qu'on me charge dans l'ascenseur. À la guerre comme à la guerre. La chambre où l'on m'installe temporairement est la jumelle triste de celle de Necker. En même temps, je ne m'attendais pas à arriver au Crillon.

Les médecins veulent à tout prix me refaire un examen du col « pour savoir où l'on en est ». Je suis à bout, exténuée d'expliquer que je ne souhaite plus qu'on m'examine, que j'ai peur. Est-ce que ces gens peuvent comprendre que j'y crois encore, que je veux garder mes bébés, et que je crains, si l'on examine ce fichu col, d'accoucher ?

Un pédiatre de garde expérimenté me comprend cependant. Et après une heure d'interrogatoire avec ces sempiternelles questions – âge ? Terme de la grossesse ? Groupe sanguin ? Etc. –, on me laisse me reposer un peu en attendant que le traitement agisse.

Ma mère, mon beau-père et mon mari sont avachis sur des chaises et fauteuils de l'hôpital. Ils me veillent. Nous sommes tous réunis par un même souhait : que ces spasmes cessent. La nuit est blanche pour chacun d'entre nous.

À 8 heures du matin, les douleurs semblent s'espacer quelque peu. On me transfère et m'attribue une chambre, une vraie, et cette simple décision me fait penser que les médecins commencent à y croire eux aussi.

La mort dans l'âme et pour conjurer le sort, Jean-Marie part jouer les représentations de son spectacle au Palais des Glaces avec une force surnaturelle. Ce bourreau de travail va faire rire les gens alors qu'il n'a pas fermé l'œil de la nuit et que sa femme est hospitalisée.

Je passe la journée avec ma mère. C'est fou comme les années nous ont rapprochées. Enfant, j'ai connu cette grande amoureuse en coup de vent magnifique, dont les apparitions me comblaient de bonheur autant que les départs pour des shootings à l'autre bout du monde me plongeaient dans le désespoir. C'est aujourd'hui ma maman, tout simplement.

Nous parlons d'elle et de sa vie, que je considère comme un gigantesque gâchis. Une femme aussi belle, aussi brillante n'a pas le droit de se perdre ainsi, en dilettante, et de laisser sa vie lui filer sous le nez plus vite qu'un train à grande vitesse. Elle devrait reprendre l'écriture de son roman qui est magistral... Elle m'écoute avec une tendresse de mère aimante que les maintes déceptions ont malheureusement désabusée. Cette douce parenthèse à cœur ouvert m'aide momentanément à oublier mon état, l'endroit où je me trouve. Les spasmes persistent un moment, mais s'atténuent puis s'espacent au fil de la journée. Jusque-là tout va bien.

22 heures. Même pièce, mêmes acteurs. Je souffre de les voir aussi épuisés. Seuls les très proches peuvent se dévouer et s'oublier à ce point. Je suis toujours frappée par la noblesse de cette abnégation, de cet oubli du temps et de soi pour accompagner dans l'épreuve quelqu'un qu'on aime. Je souhaite les libérer. Il faut que Jean-Marie récupère. À 23 heures, je les somme de partir.

– Ne vous inquiétez pas, tout va bien, je ne vais pas accoucher cette nuit. Les contractions ont pratiquement disparu... Ça a marché ! leur dis-je, triomphante.

Trop exténués pour douter de mes paroles, ils s'exécutent sans se faire prier davantage et regagnent leur domicile. Leur épuisement extrême ne leur laisse de toute façon guère le choix.

Je me retrouve seule dans cette pièce, assommée par l'inquiétude et trop d'heures sans sommeil. J'éprouve soudainement une certaine volupté à éteindre les vifs néons blanchâtres de ma chambre et à rejoindre, avec un candide optimisme, les bras de Morphée.

1 heure du matin. Une douleur vive qui me cisaille le bas du ventre, jusqu'aux reins, me réveille en sursaut. Ce n'est pas bon signe. Les médecins m'ont mise en garde. Si ce type de spasme se renouvelle avec moins de cinq minutes d'intervalle, je dois immédiatement avertir les infirmières. Deux minutes plus tard, la douleur me transperce à nouveau, puis une minute après. Toutes les minutes, ces satanées contractions me font sauter au plafond.

– Oh non, pas maintenant, par pitié, pas cette nuit.

J'aurais voulu quémander un rab de répit, ne serait-ce que de vingt-quatre heures. Je suis effondrée. Accaparé par les informations de douleur qu'il doit gérer, mon cerveau commence à avoir bien du mal à réfléchir. Ainsi, j'en viens à refuser l'imminence de l'accouchement au motif que je ne peux décemment pas réveiller ma mère et mon pauvre mari qui doivent à peine entrer dans un premier sommeil salvateur.

Il serait absolument inhumain de ma part de les faire revenir maintenant.

Cependant, je ne peux quand même pas accoucher toute seule de mes premiers bébés, à six mois de grossesse. D'une main tremblante, je compose donc le numéro de la maison. Mon mari me répond d'une voix éraillée :

– Allô, chérie ?

– Jean-Marie, je crois que je vais accoucher.

Ma mère écopera du même appel.

*
* *

On y est. Le travail a commencé. Une infirmière vient m'examiner : pas d'évolution du col, mais les contractions intenses et rapprochées ne laissent aucun doute. Ma famille, résignée, tente la pensée positive. Ma mère va jusqu'à lancer un :

– Allez, ma fille, ce n'est pas grave, c'est toujours merveilleux d'accoucher !

Mon mari est souriant, il a endossé le rôle du mari fébrile qui s'apprête à accoucher sa femme. Point. Je suis si bon public de leur jeu d'acteur que j'ai le sentiment d'être la seule à mesurer la gravité de la situation. Les larmes coulent toutes seules sur mes joues. Ce que nous nous efforcions coûte que coûte d'éviter ces trois dernières semaines est en train de se produire.

Nous arrivons dans la salle de travail. On m'allonge, les jambes écartées, les pieds dans les étriers. La péridurale ne devrait plus trop tarder. Elle serait la bienvenue car la douleur est devenue insupportable. Les bébés sont vivants et semblent avoir un battement de cœur normal, jusqu'ici.

Il est 1 h 30 du matin quand on me fait ma deuxième piqûre de corticoïdes. Je vis les dernières heures de paix de mes enfants, je sais que, dès leur naissance, un périlleux et courageux combat les attend. Je voudrais qu'ils profitent de ces ultimes moments au chaud.

Mon Dieu, comme j'ai du chagrin.

L'anesthésiste chargé de procéder à la sainte péridurale arrive enfin. Il est si jeune que je ne lui donne même pas l'âge requis pour être en première année de médecine. Au point où j'en suis, il n'a qu'à toucher la moelle épinière après tout, je serai paralysée à vie, je me suiciderai et on n'en parlera plus.

Mon mari aussi s'inquiète de l'aspect juvénile de cet adolescent encore un peu boutonneux qui s'apprête à m'introduire une aiguille de la taille d'un spaghetti Barilla entre deux vertèbres.

Pourtant la douleur de cette piqûre n'est rien à côté de celle des contractions, et je bénis cette intervention qui, déjouant mes sombres pronostics, se déroule très bien.

*
* *

Comme je l'ai déjà constaté, dans les moments les plus tragiques, certains événements tout à fait singuliers virent à l'absurde et revêtent un caractère extrêmement comique bien malgré eux. Je m'explique.

On me demande de choisir la personne qui restera auprès de moi pendant l'accouchement. En effet, *un* seul proche a le droit de rester à mes côtés, et je dois le désigner dès maintenant au cas où les « choses » s'accéléreraient. On ne peut pas non plus faire de roulement toutes les heures. C'est vrai qu'imaginer en plein accouchement des remplacements de joueurs comme sur un terrain de foot paraît cocasse. J'hésite entre ma maman et mon époux. J'ai besoin à mes côtés d'une personne solide, apte à affronter un accouchement aussi risqué, sans aucune assurance de ce qui s'ensuivra. Je choisis mon mari. C'est un homme à poigne, un papa confiant qui me donnera toute l'énergie nécessaire pour me battre jusqu'au bout.

C'est un Jean-Marie Bigard exténué, à bout de forces, qui se trouve devant moi, les yeux gonflés, les traits tirés. Il s'efforce de sauver la face, mais je dois avouer que je m'inquiète un peu pour son état. Il n'a pas dormi depuis deux jours et, de surcroît, a joué un spectacle quelques heures auparavant.

Pourtant, c'est un poil agacée, sous-entendant que la situation présente devrait lui faire l'effet d'un Guronsan, que je lui demande d'un ton inquisiteur et impérieux :

– Ça va aller, chéri ? Non, parce que je te rappelle que c'est quand même l'accouchement en urgence de ta femme. Bois trois ou quatre doubles espressos s'il le faut, mais réveille-toi s'il te plaît !

– Bien sûr, chérie, je suis juste un peu fatigué.

Dans son regard, le vide, le néant. Je réalise qu'il n'est plus bon à rien, et je me dis qu'il ne sera sûrement pas assez en forme pour encourager son épouse, des heures durant, à donner la vie. Je lui fais une proposition indécente et logiquement inacceptable : celle de monter dans ma chambre à l'étage et d'aller dormir un peu dans mon lit d'hôpital, pendant que ma mère prendra le relais.

Coup de théâtre, contre toute attente... il accepte.

– OK, mon ange, à tout à l'heure, je suis avec toi, je t'aime.

La fatigue fait des ravages, en voici la preuve.

Mon beau-père entre à son tour dans la pièce. Il est en forme, athlétique, vigoureux. Il a trente-cinq ans. Nous rions souvent du fait que, dans la famille, tout est inversé : ma mère a l'âge de mon mari et son compagnon, quasiment le mien.

– Ça va, ma puce ? On est tous là, me dit-il d'une voix claire et énergique.

La sage-femme, pour la troisième fois ce soir, me rappelle qu'il devient urgent que je choisisse quelqu'un.

– C'est monsieur qui va rester avec vous, donc ?

– Comment ça, c'est monsieur ? Monsieur est mon beau-père. Il n'est ni ma mère, ni mon mari, c'est absurde, voyons ! Non, c'est ma mère, désolée, c'est la dernière fois que je change. Daniel, va chercher maman, s'il te plaît, vite. Dis-lui qu'on n'a plus le droit de changer.

Ma mère arrive. Enfin, quand je dis ma mère… Je me retrouve face à une personne livide, les cernes en bas du cou, recroquevillée sur elle-même, un thé chaud dans sa main tremblante.

Il est 3 heures du matin, j'ai les cuisses écartées, le col de plus en plus dilaté. Mon accouchement n'est plus qu'une question d'heures, et j'entends la phrase la plus inappropriée, la plus cocasse et aberrante que j'aie jamais entendue de ma vie :

– Ça va, chérie ? Quel froid !

Cette remarque insignifiante, elle aurait tout aussi bien pu la lancer en me croisant aux toilettes une nuit de vacances dans une maison de campagne, avec la sérénité et la volupté de celle qui sait qu'elle va aussitôt retrouver son lit douillet.

– Je rêve ! lui rétorqué-je avec stupéfaction. Non, maman, je n'ai pas froid, non… mais toi, tu as l'air au bout du rouleau, là.

Elle l'est. J'en déduis à cet instant qu'on ne peut pas demander à des quinquagénaires (pour être gentille) de tenir la distance à ce point.

J'intime donc à ma mère l'ordre d'aller dormir dans la salle d'attente et, sourde à ses molles objections, lui dis que, tant pis, mon beau-père restera avec moi. La sage-femme, qui commence à perdre patience et à ne plus supporter cet incongru *speed dating*, m'avertit d'un ton autoritaire :

– Écoutez, madame, il faut prendre votre décision maintenant, sinon vous allez finir par accoucher toute seule.

Usée par ces interminables commutations, je lui rétorque :

– Bon, mademoiselle, je n'y peux rien s'ils sont vieux. Ça ne m'amuse pas non plus, je vous signale… ça sera mon beau-père, et c'est mon dernier mot.

Ma chère maman passera la nuit allongée sur la banquette de la salle d'attente, comme une SDF heureuse d'avoir trouvé quelques heures de répit dans un abri de fortune. Mon mari sera bien au chaud dans mon lit d'hôpital et ne se réveillera qu'à 9 h 30. Aujourd'hui encore, le pauvre regrette de n'avoir pas accouché sa femme. Quant à moi, cette nuit reste pour moi la pire de ma vie.

*
* *

Daniel reste donc avec moi. Je pense qu'il a la distance nécessaire pour ne pas me communiquer son stress, un stress que mon mari et ma mère ressentent à l'extrême car ils sont trop proches de moi. Ça n'est donc pas plus mal au final.

Que vais-je voir arriver ? À quoi ressemblent des bébés nés à six mois de gestation à peine ? J'ai l'impression de les trahir, de les déloger de leur demeure, d'être une mère indigne. Je culpabilise d'avoir échoué là où tant d'autres mènent à bien et naturellement leurs neuf mois de grossesse. J'ignore alors qu'il y a eu, dans mon suivi médical, un flou lourd de conséquences.

Et dire que je me suis appliquée pendant toute ma grossesse à les préserver, à manger bio et boire de l'eau… tout ça pour ça. Comme la vie est injuste parfois. Mes bébés n'ont rien fait de mal, ils sont innocents et vont devoir vivre des souffrances que même un adulte ne supporterait pas. Si je dois être punie pour une obscure raison que j'ignore, c'est à moi de payer, pas à eux.

*
* *

Il est 8 heures du matin. Mon col est à présent complètement dilaté. L'accouchement est imminent.

La sage-femme sent la tête de mon fils. C'est lui qui se présente en premier. C'est tandis que je ne pousse que très peu, tout en sanglotant et en serrant fort la main de Daniel qui m'encourage comme un entraîneur son poulain prometteur, qu'à 9 h 20, mon premier bébé arrive sans pleurs aucun, car il n'en a pas la force.

Le spectacle à haut risque de mon accouchement a attiré beaucoup de monde en salle de travail ; chacun est prêt à prendre le rôle qui lui est dévolu. Je détourne volontairement la tête sur la droite quand on pose ce minuscule bonhomme sur mon ventre, car j'ai l'atroce sentiment qu'il ne vit pas, qu'il est inerte. En larmes, je demande dans une urgence hystérique :

– Il va bien ? Dites-moi, il est en vie ?

On me répond que oui.

L'exclamation triomphante de Daniel restera à jamais gravée dans ma mémoire :

– Bravo, ma chérie, bravo, il est en vie, il est magnifique !

Je ne pense pas qu'il soit magnifique à ce moment-là… mais l'entendre est absolument délicieux.

Je suis en état de choc, mais il faut continuer à pousser pour sortir l'autre bébé. Huit minutes plus tard, les mains expertes de la jeune sage-femme extraient ma petite fille. Mais à peine l'a-t-on sortie qu'il y a urgence. On me retire mes bébés pour les placer immédiatement en réanimation. Je n'ai pas eu le temps ni le courage de les regarder.

Une chose est sûre, leur combat commence maintenant. Je suis complètement sonnée.

Tout ce que je sais, c'est qu'ils sont venus au monde en ce dimanche 11 novembre 2012, qu'ils sont Scorpion, comme leur maman, que mon garçon pèse 900 grammes, et ma fille, 750.

Je sais aussi qu'ils s'appellent Jules et Bella.

Mais je ne sais rien de ce qui nous attend.

*
* *

Après quelques heures bienfaitrices de sommeil, mon mari et ma mère me retrouvent en salle de travail et permettent à mon cher beau-papa d'aller récupérer de ses émotions. Je suis félicitée, encensée ; Jean-Marie a pu apercevoir nos enfants dans les couveuses en partance pour la réanimation, il a même pu photographier Jules avec son téléphone.

– Ils sont magnifiques, regarde comme ton fils est beau.

Cette photo a l'effet d'une bombe sur moi. J'aperçois quelques millimètres de peau recouverts par des tubes, des perfusions, des tuyaux. Je ne manifeste pourtant pas vraiment de réaction, trop abrutie par les anesthésiants. On me fait regagner ma chambre quelques heures plus tard, je vais pouvoir prendre un peu de repos, un luxe que j'ai l'impression de ne pas avoir pu m'octroyer depuis des lustres.

*
* *

J'ai droit aux visites. En fin de journée, comme on le ferait pour toute jeune accouchée, nous nous réunissons en famille autour de quelques macarons. Il y a même mon oncle maternel et sa femme. Leur présence me réchauffe le cœur, car j'ai toujours été très proche de cet homme avec qui je partage une sensibilité exacerbée. C'est un être à part, que son intelligence et son émotivité rendent parfois un rien farfelu. Mon père est en voyage depuis une semaine, il n'aura donc rien vu de tout cela. Mon jeune père a beau n'avoir que dix-huit ans de plus que moi, il sait se montrer particulièrement rassurant dans ce genre de situation. Il est de ces personnes avec lesquelles on éprouve le sentiment qu'il ne peut rien vous arriver. En ce jour étrange, même si notre relation n'a pas toujours été facile, nous qui avons grandi ensemble, il me manque.

*
* *

Il est minuit. Mes proches sont partis. Je vais rester hospitalisée deux jours, pas plus. Bizarrement, mon accouchement s'est bien passé, il n'y a donc pas de raison de me garder plus longtemps. Je reste seule dans cette chambre, avec tant de questions sans réponses, dans l'insécurité la plus totale, le brouillard le plus dense.

Que va-t-il se passer pour ces deux bébés ? Vont-ils survivre ? Je ne les connais pas encore, je ne les ai pas vus, je ne pourrai monter les rencontrer que demain.

Je ferme enfin les yeux et sombre pour quelques heures dans l'oubli, en attendant de faire leur connaissance.

II

Vivre à tout prix

9

Quand Jean-Marie arrive le lendemain matin à 10 heures, il me trouve à la cafétéria, essayant tant bien que mal d'ingurgiter un morceau de viennoiserie… Quelle idée ! Il est souriant, reposé, confiant, prêt pour la bataille. Pour ma part, je pleure. C'est devenu mécanique, mes larmes coulent toutes seules, sans même que je sanglote. Je me fais l'impression d'être une actrice d'un soap sud-américain à qui l'on viendrait de mettre des gouttes dans les yeux pour assurer une scène d'émotion. Pourtant les miennes sont bien réelles. Elles débordent de mes yeux, de mon cœur qui saigne.

– Allez, viens, chérie, allons-y, m'encourage doucement mon mari.

Nous prenons l'ascenseur comme des automates. Deuxième étage, service de réanimation où nos enfants ont été installés. Nous nous perdons une ou deux fois dans les longs couloirs de Cochin ; enfin, nous y parvenons. On nous accueille avec le sourire, on nous montre où se trouve le casier qui nous est dévolu pour déposer nos affaires. Sur ce casier, deux petits cartons, un rose et un bleu, sur lesquels sont écrits leurs prénoms : « Jules » et « Bella ».

Une dame nous montre les gestes à effectuer avant chaque visite. Il faut soigneusement se laver les mains juste avant d'entrer, enfiler une blouse bleue stérile, retirer sa montre, ses bijoux. Leur chambre doit rester préservée de toutes les bactéries et autres foyers infectieux que nous pourrions ramener de l'extérieur. C'est seulement une fois que nous avons été annoncés qu'on nous autorise à entrer, comme pour ne pas interrompre une intervention, une manipulation qui pourraient nous choquer plutôt que pour protéger la quiétude de ce monde à part.

C'est la première fois que je vais voir mes bébés, et je tremble de peur. J'ai tellement rêvé cette rencontre. Dans un monde idéal, nous aurions eu le coup de foudre dès le premier coup d'œil. On vous aurait posés sur moi et je ne vous aurais plus quittés, jamais. Je n'aurais jamais imaginé que je vous verrais à travers une vitre, reliés à des fils.

Sur la porte figure le nom de mon fils. Jules.

Je découvre alors avec encore plus de tristesse que sa sœur et lui sont séparés, dans deux chambres différentes. Déjà qu'ils ont perdu leur petit nid dans mon ventre, en plus ils ne peuvent pas surmonter ce traumatisme ensemble. Comme ils doivent se sentir seuls et perdus. Moi qui me réjouissais d'avoir des jumeaux notamment parce qu'ils pourraient s'épauler, traverser les épreuves à deux, je n'ai pas même cette petite consolation pour me rasséréner. Quelle ironie.

Je retiens mon souffle et m'approche lentement de ta couveuse, mon garçon, à tâtons, précautionneuse, comme on le ferait pour amadouer un animal dangereux.

Mon petit. Mon tout-petit.

Ta peau est pourpre, si fine qu'elle est fripée par endroits. Ton crâne est minuscule, sous ce bonnet de naissance où est accroché un masque qui recouvre ton nez. Tu es nu, couché sur le ventre, endormi. Des perfusions te sortent de toutes parts, des électrodes posées sur ton torse te relient à cet écran immense qui nous renseigne sans discontinuer sur tes battements de cœur, ton niveau d'oxygène qu'il faut vérifier en permanence. Et dire que cette petite chose étrange et impressionnante est à moi, qu'elle est issue de mon ventre. Je t'aime, mon garçon, mais j'ai mal, si mal que je ne peux rester plus longtemps. Mes jambes ne me portent plus… Elles m'emmènent jusque dans la chambre de ta sœur.

Une toute petite poupée écarlate loge dans cette seconde pièce. Une toute petite poupée tout aussi perfusée, mais plus minuscule encore que son frère.

Mais qui sont-ils ? Peut-on appeler ces minuscules créatures violettes des bébés ? Des ébauches de vie aux visages terrifiants. Dieu que je suis loin des gros poupons de pub que j'ai imaginés ! Ils sont tous deux aussi ridés que des vieillards en fin de vie et semblent tout aussi fragiles et vulnérables.

Je ressens un tel sentiment d'impuissance et d'incommensurable culpabilité. Je voudrais tant les remettre dans mon ventre ; ils n'ont rien à faire là, dans ces grosses boîtes chauffantes. Je suis envahie par une immense et terrible bouffée d'angoisse. Je n'arrive plus à trouver ma respiration, mes jambes sont molles. Mon mari, qui me voit chanceler, me somme de m'asseoir, une infirmière m'apporte un verre d'eau.

Dans ce marasme, une question me vient à l'esprit : comment vais-je faire pour affronter cette situation ? Où vais-je puiser la force nécessaire pour les aider à se battre ? Je suis bien trop fragile pour ça, leur simple vision me terrifie, et déjà on me parle de les tenir dans mes bras. Il faudrait prendre ces êtres décharnés, nus contre ma poitrine, et leur offrir ce câlin médical qu'ils appellent « le peau à peau ».

J'ai besoin d'encore un peu de temps pour en être capable, pour ne pas leur communiquer mon désarroi. Je parviens à me reprendre quelque peu.

J'ai de la peine, tant de peine. Pour eux, pour mon mari, pour notre famille. Si nous avons été épargnés par la vie jusqu'à présent, cette fois, elle est bien décidée à nous faire vivre un drame, un vrai, celui qu'on pense toujours réservé aux autres.

*
* *

Je peux quitter l'hôpital dès le lendemain. Jean-Marie vient me chercher à midi. Je sais qu'il tente de ne pas me le montrer, mais il est dévasté ; je n'ai jamais vu dans son regard autant de désespoir. L'amour qui nous unit devrait nous réconforter, nous encourager ; cette fois il n'y parvient pas. Nous prenons la voiture et roulons sur le boulevard Montparnasse, sous le ciel maussade de la mi-novembre. Je suis vidée, mon chagrin est tel que je n'ai même plus la force de parler.

Je regarde cette grande chaussée, ces bars hier encore tant aimés, je regarde ce quartier qui est le mien depuis des années, ces rues qui ont abrité mes joies, mes petits soucis d'ado, et je me dis que cette période est bien loin. J'ai le sentiment d'être en dehors de la vie, en dehors du temps. La seule chose qui est bien claire pour moi, que je sais de manière certaine, c'est que je rentre à la maison sans mes enfants.

C'est pour cette raison qu'à l'exception de mes visites à l'hôpital je m'enterrerai volontairement chez moi, pour que personne ne puisse me demander avec bonne humeur :

– Alors, Lola, tu as accouché ? Où sont les petits bouts de chou ?

Oui, j'ai accouché, et les petits bouts de chou pèsent à peine plus de 700 grammes et tentent de survivre à l'hôpital, bonne journée.

10

Nous rencontrons notre pédiatre référente, Marianne, dès notre deuxième visite à l'hôpital. C'est une jeune femme aux cheveux de lin, fine, assez belle. Malgré ce que pourrait laisser penser son âge, elle semble bien connaître son métier. On ne peut pas dire qu'elle soit très rassurante – en même temps, pour l'être, il faudrait mentir, et ça n'est sûrement pas dans ses habitudes. Elle sait toutefois trouver les mots, durs à entendre mais prononcés sans brutalité.

– Écoutez, vos enfants appartiennent à la catégorie des très grands prématurés, avec tous les risques et les incertitudes que cela implique. À leur arrivée, ils ont été perfusés, on leur a posé un cathéter pour les soigner ainsi qu'une sonde pour les nourrir. Les électrodes que vous verrez sur leur abdomen sont reliées à un écran de contrôle et permettent d'alerter les soignants aux moindres changements anormaux de leurs fréquences cardiaque et respiratoire. Ceux-ci pourront être nombreux, car c'est la seule réponse à la douleur, aux infections ou aux changements que connaissent les organismes de vos enfants pour le moment. Je ne peux rien vous dire de très précis, sinon qu'ils ont pu être extubés six heures après leur naissance, ce qui est relativement bon signe, car cela signifie que leurs poumons fonctionnent. Ils sont à présent sous l'assistance respiratoire de ce qu'on appelle le Flow. Pour l'instant, nous pouvons nous réjouir qu'ils n'aient pas de lésions au cerveau et que leurs poumons soient corrects pour leur terme. Néanmoins, nous n'avons pas de garanties pour la suite. Je vous souhaite beaucoup de courage, et dites-vous bien que chaque jour est une victoire.

Il paraît que le parcours des grands prémas est en dents de scie, un jour ça va à peu près, et le lendemain tout bascule, il faut donc prendre chaque jour comme il vient, et comme un nouveau combat.

11

Jules et Bella sont enfin dans la même chambre. C'est peut-être idiot mais cela me rassure, réchauffe ma peine. Mes deux petits sont sous photothérapie ; ils portent, en plus de leur masque à oxygène – le fameux Flow –, des lunettes tout droit sorties du futur, pour les protéger de cette lumière bleue qui vise à soigner la jaunisse du nourrisson. Les bébés à terme suivent souvent ce traitement bénin et indolore. Cependant, sur *mes* bébés, tout prend une ampleur différente. Rien n'est anodin. Tout me dévaste, et cette espèce de cabine d'UV qu'est devenue leur chambre me fait mal. Nous ne pouvons rien faire. Comme d'habitude. Notre impuissance nous abat encore davantage. Nous ne pouvons qu'être les lâches spectateurs de leurs batailles, c'est tout.

La culpabilité ne me quitte pas. Les mêmes questions tournent en boucle dans ma tête : qu'est-ce que j'ai mal fait ? Pourquoi ? De quel droit vous ai-je expulsés de moi aussi tôt ? Je me dégoûte. On me répète que ça n'est pas ma faute, que je n'y suis pour rien. Mais personne ne me retirera ce sentiment infâme, celui de leur avoir fait du mal, d'être la cause de leurs souffrances. J'exècre mon ventre plat, il me donne la nausée. Dans la ravageuse tempête que nous traversons, le baby-blues n'a que peu de place. Il serait même un luxe.

Au bout de cinq jours, je commence doucement à m'habituer à l'apparence de mes crevettes. Une infirmière qui l'a perçu me demande si je suis prête pour le peau à peau. Je réponds par l'affirmative. Ce câlin au drôle de nom, également appelé « soin Kangourou », permet de maintenir une relation physique entre le bébé et sa maman. Il rend ainsi la séparation moins brutale, favorise la création de leur nouveau lien en dépit des couveuses. Il s'avère que les effets en sont si bénéfiques qu'il peut soulager la douleur et apaiser l'angoisse des bébés déboussolés par leur nouvel état ou perturbés par tous les soins qu'ils reçoivent.

L'infirmière est très jeune, elle a de beaux yeux bleus qui apaisent, et je me dis que c'est la bonne personne pour ce premier et étrange câlin. Elle attrape ma fille avec aisance, malgré les fils qui la relient à toutes sortes d'électrodes, de capteurs, et la dépose tout contre ma poitrine avec douceur. Quelle petite chose ! Un animal écorché, décharné, un petit chat osseux et chaud m'est confié et m'agrippe avec une force démesurée pour son faible poids. Il se passe quelque chose de magique à ce moment-là, sous le regard ému de Jean-Marie. Je prends cet être sur ma peau, dans mes bras et, malgré l'étrangeté de son physique, la petitesse de ses membres et de son crâne… c'est mon enfant. Je la trouve belle, je l'aime.

C'est ma fille. Ma Bella.

S'il m'a fallu cinq jours pour affronter ce premier câlin, je ne peux ensuite plus m'en passer tant c'est un moment fort qui me permet de créer un lien avec mes bébés. Peau contre peau, nous communiquons déjà, j'essaie de leur donner ma force, mais souvent ce sont eux qui me donnent la leur. Quel bonheur quand ils vont bien, ou mieux, de pouvoir faire durer ce moment, de gagner du temps sur la prématurité.

12

Vous avez neuf jours aujourd'hui. Cela fait neuf jours que vos petits cœurs battent au rythme des bradycardies fréquentes, que tes petites narines à toi mon fils, ont déjà été intubées puis extubées pour éviter que tu te fatigues trop, que vous faites à tour de rôle des apnées, plus ou moins longues, pendant lesquelles votre père et moi sommes au sommet de notre angoisse, de crainte que vous ne reveniez pas.

Neuf petits jours où l'on contrôle votre nécessaire prise de poids, qui, si elle est trop importante, cause des œdèmes et gonfle vos si jolis yeux en amande que vous peinez à ouvrir.

Neuf jours où ma vie, qui n'a plus aucune importance, est ponctuée par mes visites à l'hôpital en journée, et les nombreuses crises de pleurs dans les bras de mon pauvre mari le soir.

Entre-temps, il y a les coups de fil au service de « néonat », qui sont toujours bien accueillis par l'équipe, tant ils comprennent le désespoir d'une maman de grands prématurés. Des coups de fil que j'appréhende : comment vont-ils ce matin ? Comment ont-ils passé la nuit ? Ont-ils « fait des bêtises », grosses ou petites, comme ils appellent vos accidents respiratoires, vos petits moments de faiblesse et vos jours « moins bons » à l'hôpital ?

*
* *

Durant votre hospitalisation, les journées se suivent et ne se ressemblent pas. Les choses étaient jolies hier, la succession d'événements, remplie d'espoir. Et aujourd'hui, tout cela est retombé pour laisser place à l'inquiétude et à l'incertitude. Impossible de se raccrocher à vos progrès de la veille, nous vivons un jour sans fin, nous essayons de ne pas nous projeter dans l'avenir à la moindre évolution positive, car alors plus dures sont les mauvaises nouvelles qui suivent.

Rythme cardiaque, cerveau, apnée, reflux, chacun de vos gestes essentiels pour vivre est source d'angoisse pour nous, et objet de lutte et de stabilisation pour vous. Sans oublier les risques d'infections.

Dans notre cauchemar, nous les redoutons avec hantise, car lutter contre une infection en plus de tout le reste serait un sacré coup dur pour vous, mes bébés. Le pire scénario ? Que les tubes, perfusions et cathéters qui vous aident à résister, à grandir deviennent des foyers infectieux, car c'est toujours le risque avec les corps étrangers qu'on manipule et qui traumatisent les organismes fragiles.

*
* *

Aujourd'hui, mardi 20 novembre, ma Bella développe une infection. Je tente de me rassurer et me raccroche aux statistiques : cela arrive à 90 % des prématurés. Donc, je suis censée ne pas m'inquiéter ? Me dire que c'est fréquent, que les antibiotiques vont faire effet ? Mais sur ces 90 %, combien appartiennent à la peu enviée catégorie des très grands prématurés – soit 2 % des bébés nés avant terme ?

Pour combien d'entre eux y a-t-il suspicion de méningite ? Et cela doit-il m'aider à accepter l'idée de la ponction lombaire que l'on doit te faire dans l'après-midi ? Comment une mère peut-elle supporter la vue d'une aiguille de la taille de son petit doigt rentrant dans le dos de sa fille pour prélever son liquide céphalo-rachidien ? Seule la ponction nous permettra de confirmer ou d'infirmer le diagnostic.

Ce n'est pas une méningite et tu as enduré cette nouvelle épreuve vaillamment. J'ai eu tant de mal à te quitter ce soir-là...

Lors de mon appel avant la nuit, on m'a dit que toi, Bella, tu avais bien supporté les antibiotiques et que tu étais stable, sans apnées.

Et toi, Jules, tu es « sage », comme ils disent.

*
* *

Les soirs où je pourrais être rassurée par les bonnes – ou du moins l'absence de mauvaises – nouvelles de la journée, votre père me somme de me détendre, d'essayer de prendre l'air, de voir ma sœur ou des amis. Le seul souci, c'est que pour moi, mes amours, rien ne va. Le cathéter que vous avez pour vous alimenter me fait mal au plus profond de mes entrailles, la petite main de ma poupée gonflée et engloutie par cette grosse perfusion me déchire le cœur en mille morceaux.

Et puis, de quel droit penserais-je à moi ? De quel droit aurais-je des moments de répit, pendant que vous êtes coincés là-bas ? Vous vous battez continuellement et je devrais faire des pauses ? Je ne me le pardonnerais pas. Voilà pourquoi même les « jours avec », comme ils disent à l'hôpital, sont pour moi des « jours sans ».

*
* *

Peu importe le temps que cela prendra, peu importent les semaines. Chaque jour, je viendrai vous voir, témoin indiscret de votre détresse, vous scruter à travers les parois de verre de votre couveuse. Alors je vous prendrai dans mes bras, ce qui est d'ailleurs, depuis votre naissance, le plus joli moment, ce « corps à corps » prématuré et animal, comme un lot de consolation à l'innommable chagrin que, déjà, vous m'ayez échappé.

Je viendrai vous apporter des doudous imprégnés de mon odeur, pour que vous reconstituiez un millième du bien-être que vous aviez dans mon ventre, pour humaniser comme je peux cette atroce boîte transparente qui vous sert de maman.

Au fil des jours, je recréerai un doux cocon familial, je vous apporterai le monde qui vous attend par de menus objets. Je vous ferai rencontrer votre famille en photo, vous retrouverez les musiques que dans mon ventre vous aimiez.

Courage, mes tout-petits, papa et maman veillent sur vous.

*
* *

Arrivés à l'hôpital, on nous dit que vous avez fait, tous les deux, pas mal de « petites bêtises ». Décidément, je ne me ferai jamais à cette litote non alarmiste et pourtant si glaçante. Vous avez augmenté vos besoins en oxygène, ce qui signifie que vous vous fatiguez davantage et cela ne me plaît pas du tout. En bref, je vous sens, à raison, faibles et instables.

Moi qui avais endossé avec fierté depuis la veille au soir le costume de la super maman, vaillante et rassurante.

Moi qui avais prévu de laisser votre papa partir avant moi, pour rester avec vous, en peau à peau, et vous chanter des chansons. C'est raté, ce n'est pas le jour.

Et l'infirmière m'invite avec douceur à rentrer à la maison, car vous allez subir pas mal de manipulations. Je suis triste et perdue, mais cette fois je refuse de le montrer. Pour rester fidèle à mes nouvelles résolutions de femme forte. Je prends exemple sur vous, il ne faut pas que je craque maintenant. J'ai pris le parti de feindre d'être calme et résignée, d'écouter et d'accepter les nombreux examens qu'on va vous faire, le fait qu'on va peut-être te reposer un nouveau cathéter, ma pauvre petite poupée, et que toi, mon petit bonhomme sans défense, il faut attendre avant de t'extuber pour permettre à tes poumons de reprendre des forces.

*
* *

Pourquoi, mon fils chéri, n'arrives-tu pas à respirer juste avec ton petit masque ? Pourquoi plonges-tu dans cette apnée si terrifiante pour tes parents, pourquoi dois-je, à l'arrivée à l'hôpital, revoir ce tuyau dans tes minuscules narines ?

Nous nous rendons au service de néonatalité, comme tous les midis, et là, à l'endroit même où nous devons nettoyer nos mains avec précaution afin de ne surtout rien vous transmettre – rituel mécanique et aliénant qui nous rappelle chaque fois votre fragilité –, surgit une vision tragique, insoutenable. Une famille en larmes, en sanglots déchirants, suivie d'un prêtre, sort de la chambre d'un de vos voisins, qu'on vient de débrancher. Cette image si cruelle me glace le sang. Sommes-nous faits, nous, les êtres humains, pour vivre de tels drames ? Il faut croire que oui, et c'est à ce moment-là que je comprends réellement la gravité de la situation dans laquelle nous sommes, nous, vos parents.

Nous entrons dans la chambre où vous logez. Deux infirmières préparent des poches de sang pour vous transfuser car vous faites de l'anémie. Ma fille chérie, tu es complètement à plat, ton infection toujours dans le sang, tu as besoin d'un peu plus d'oxygène. Tu as sans doute voulu nous faire plaisir, alors tu as pris trop de poids d'un coup, ce qui a provoqué de nouveaux œdèmes qui font saigner le cœur de ta maman.

Nous partons après avoir placé de nouveaux doudous dans ces ignobles couveuses. Nous partons car je n'ai plus la force de lever ces deux morceaux de tissu qui recouvrent vos incubateurs pour regarder vos visages et vos corps sans pouvoir vous prendre dans mes bras. Car j'ai peur de vous briser ou de débrancher quelque perfusion.

Nous partons car aujourd'hui je suis faible et lâche. Je donnerais tout pour que cela soit un mauvais rêve, pour revenir en arrière.

Je pars avec ma peine pour seule compagnie, cette peine qui ne me quitte pas depuis votre naissance.

*
* *

Ce samedi est terrible. Je suis paralysée par l'inquiétude de vous perdre.

Le matin, je me suis réveillée avec le cœur noué, j'avais rêvé qu'on m'annonçait ta mort, ma fille chérie. Je me suis précipitée sur le téléphone et j'ai appelé l'hôpital. On m'a informée que tu avais effectivement fait des bêtises pendant la nuit et qu'on avait dû te réintuber. Mais tu es en vie, bien en vie.

Mes deux petits bébés, quand donc sortirons-nous de cette phase de danger ?

*
* *

Ce matin, votre papa, habituellement si calme, a craqué. Son impuissance à pouvoir vous aider est soudain devenue un trop lourd fardeau. Il refuse l'habitude, il refuse d'attendre patiemment, alors il s'indigne, il gronde et élève la voix :

– Ce n'est pas normal que mon petit Jules soit toujours intubé, dit-il avec sa virulence habituelle à votre infirmière, l'experte Florence. S'il est à peu près stable, il faut au moins essayer de l'extuber pour voir comment il va réagir.

Il a bien fait. L'équipe médicale a accepté ce test et, il y a encore deux heures, lors de mon appel du soir, tu réagissais bien, mon garçon. Tu n'as pas fait de nouvelles apnées. Tu es toujours sous aide respiratoire, mais au moins tu respires par toi-même.

*

* *

Ma Bella, toi, tu as été réintubée la veille, tes poumons fatiguaient trop et le respirateur a pris le relais, ce qui n'avait pas été ton cas depuis ta naissance. On m'explique que c'est certainement dû à ton canal artériel qui, contrairement à celui de ton frère, est resté grand ouvert. Normalement, ce canal essentiel à la vie du fœtus se ferme à la naissance quand le système artériel pulmonaire se met en route, permettant au sang d'être oxygéné par les poumons. Mais tu es née trop tôt et ton canal artériel, malgré une cure d'ibuprofène pour l'y aider, peine à se transformer en simple ligament qui reliera ton aorte à ton artère pulmonaire. Une petite évolution, certes, mais qui serait essentielle à ta complète capacité à respirer de manière autonome, en oxygénant bien ton sang et en régulant ton débit sanguin.

Je préfère ne pas retenir cette hypothèse, car elle m'obligerait alors à me faire à l'idée d'une éventuelle intervention chirurgicale pour fermer ton canal, une opération dite simple… mais quelle opération à cœur ouvert, et sur un grand préma de surcroît, peut être simple et sans trop de risques ? Cette perspective me terrifie. Mieux vaut penser que tes besoins en oxygène accrus sont la résultante de l'infection que tu as contractée il y a quatre jours, et que, une fois le germe éliminé de ton sang, ils reviendront à la normale.

Allez, mes chéris, courage ! Battez-vous comme des lions. J'attends que vous donniez raison à notre espoir, mes amours. Que toi, mon fils, tu vives bien ton extubation, et que toi, ma fille, tu cesses de désaturer et de faire les apnées qui en découlent. Oui, mes enfants, je vous en prie, donnez-nous, à votre papa et moi, la force de continuer à nous battre autant que vous, pour vous. Je vous en prie, mes bébés, amenez-nous des bonnes nouvelles. Car les mauvaises qui s'enchaînent deviennent pour moi très dures à accepter.

Ce qui me rassure un peu, c'est de vous avoir vus si beaux aujourd'hui, deux anges innocents aux traits parfaits, aux petites narines si discrètes, aux cheveux doux comme de la soie. Si vous saviez comme on vous aime. Accrochez-vous à la vie, mes bébés, car vous avez une famille qui vous chérit déjà à la folie.

*
* *

Je suis anesthésiée, assommée, narcotisée par la souffrance de cette journée aux nouvelles alarmantes. J'ai si peur, ma Bella, que tu disparaisses. Ton canal artériel reste grand ouvert, ce qui te provoque de sérieuses défaillances respiratoires. Tu es donc non seulement intubée, mais ça ne suffit plus, il a fallu changer ton respirateur, qui inflige à ton corps chétif une perpétuelle vibration afin que tu ne fasses plus d'apnées.

Mais que te font-ils endurer ? Par quelles souffrances passes-tu, mon petit amour ? Tu en es réduite aujourd'hui à vibrer, comme un vulgaire téléphone. C'est au-dessus de mes forces.

Je ne suis pas venue pas vous voir en ce triste lundi, et je m'en excuse. C'est votre papa chéri qui est courageusement venu aux nouvelles. Il a traversé le couloir des urgences, mis son blouson au vestiaire, s'est lavé les mains avec frénésie, puis est entré dans votre chambre. Il a caressé votre joue et vous a transmis tout l'amour qui déborde de son cœur depuis votre naissance.

Mon fils chéri, comme si tu voulais épargner tes parents trop inquiets pour ta sœur, tu ne fais plus trop de bêtises, tu n'as jusqu'ici pas été réintubé, et je m'en réjouis, je t'aime tant.

Ma fille, les sécrétions rouges de tes bronches révèlent une petite hémorragie pulmonaire, et cet effroyable mot me terrifie au plus haut point. Ils tentent ce soir une dernière cure d'ibuprofène pour refermer ton canal, qu'ils considèrent comme la cause de tes tourments. Et ils laisseront cette machine te faire vibrer tant que l'hémorragie ne sera pas jugulée. Si la cure d'ibuprofène ne fonctionne pas, c'est l'opération pour sceller ton petit canal. Alors je t'en prie, ma fille chérie, referme-nous ça toute seule, referme-nous ça avant qu'ils n'envoient ton minuscule corps au bloc.

*
* *

Comme tous les jours, nous arrivons à l'hôpital après notre coup de téléphone du matin. Rien de plus alarmant que d'habitude ? Très bonne nouvelle plutôt ! Jules, tu progresses à vue d'œil, si bien qu'on te retire aujourd'hui ton cathéter. Ce tuyau qui te nourrit par perfusion. Comme je suis heureuse ! Cela veut dire que tu digères bien ton lait, et que la quantité que tu tolères à présent est suffisante pour tes besoins.

*
* *

Mon fils chéri, tu pèses 1,3 kilo, et tu n'as plus de cathéter. Il te reste bien la perfusion de Dopram, qui stimule ta respiration et prévient les apnées, dans ton joli peton, mais mon cœur serré a quand même envie de se réjouir.

Ce que je cache et tais durant les journées que je passe à vos côtés, c'est qu'en réalité *tout* me déchire le cœur. Des lèvres et de la peau desséchées par les sédatifs de ma petite fille, aux fins vaisseaux qui semblent avoir éclaté sur la joue dodue de mon fils à cause du masque à oxygène trop serré, absolument tout ce que l'on pratique sur mes amours, même si c'est pour leur bien, poignarde sans relâche mon cœur de maman qui se repasse en boucle ces journées quand vient le soir.

Ma Bella, tu es une véritable poupée sur la photo qu'a prise de toi ton papa ce matin. Elle fait la joie de ma maman, de mon oncle, de mon père, de ma sœur... Elle passe de main en main, suscitant des exclamations gagas.

Vous êtes tous deux attendus comme des trésors, comme le présent le plus insaisissable, inabordable qui soit, vous êtes, à vous tout seuls, toutes les Ferrari qu'un homme rêverait d'avoir, tous les sacs Chanel, les manteaux de fourrure qu'une coquette voudrait s'acheter. Vous êtes tous les trésors.

Mes trésors.

Je ne sais pas exactement d'où provient ce débordement, cette incroyable vague d'amour que vous suscitez dans ma famille. Bien sûr l'arrivée d'un bébé engendre toujours ce sentiment chez les proches, mais il me semble qu'il est, chez nous, décuplé par la précarité de votre existence. Ils vous aiment d'autant plus qu'ils vous savent en danger, comme s'ils vous envoyaient de la force à travers ces splendides mais tristes clichés. Ils ne peuvent pas encore vous voir, alors ils vous subliment, vous imaginent, vous rêvent. Ils veulent vous toucher, vous embrasser, croquer vos joues... Tout autant que moi. Je rêverais que petit à petit vous deveniez deux gros poupons suçotant frénétiquement leurs tétines, mais surtout, je rêverais que vous sortiez enfin de cette zone rouge qui ne nous laisse aucun répit : le service de la réanimation néonatale.

*
* *

Mon fils adoré, les nouvelles sont assez bonnes pour toi : mis à part un petit rejet de lait qu'il faut surveiller, tu es stable, pas de désaturations, pas de besoins en oxygène. On va donc tenter de te retirer le traitement de Dopram.

*
* *

Tout a été plus simple aujourd'hui. Pour commencer, je me suis changée, un peu maquillée, et je me sentais du coup plus forte, comme si le fait d'avoir une maman séduisante pouvait vous sécuriser, mes deux anges. Moi qui avais gardé des jours durant, sans m'en rendre compte, le même jean qui me tombait sous la main comme pour vous rejoindre plus vite, je me suis faite belle pour vous.

Vous étiez calmes, apaisés. Jules, tu nous répondais par des signes de mains, comme pour nous dire : « Oui, c'est bon, détendez-vous, je gère. »

Toi, ma Bella, tu m'as offert un présent d'une force inouïe. Tu m'as regardée, non, tu m'as fixée, longtemps, de tes deux billes au gris plomb transperçant. En effet, de tes grands yeux en amande tu m'as envoyé tellement d'amour. Tu ne peux pas savoir ce que cela a pu engendrer en moi ; une fierté incommensurable, celle d'être ta maman.

Nous sommes rentrés un peu plus confiants, comme ragaillardis. Les événements n'étaient pas plus rassurants que cela, mais on voulait y croire, vous étiez trop à nous pour nous être retirés.

13

Mes jours, et surtout mes nuits, se ressemblent, suspendus à votre souffle. Comme tous les matins depuis votre naissance, je me lève dans un sursaut d'angoisse interrompant une nuit trop courte, et ma première pensée se dirige vers vous, mon fils et ma fille tant aimés. Comment avez-vous passé la nuit ? Avez-vous fait des bêtises ? L'antibiotique a-t-il fonctionné sur toi, Bella ? Jules, n'as-tu pas refait d'apnées avec désaturation ? Mais surtout, *la* question. Obscure, insoutenable et imprononçable : êtes-vous toujours en vie ?

Je sors de la chambre sur la pointe des pieds pour ne pas réveiller votre papa, pour qui le sommeil est une nécessité vitale, une condition *sine qua non* à son métier de *showman*. Car votre papa doit concilier cette situation terrible avec son travail qui consiste à être sur scène une heure trente par jour pour faire rire son public.

Je dois ici lui rendre hommage. Car si je m'en veux de ne pouvoir retenir mes larmes le soir, si je m'en veux d'être faible, votre père est admirable. Nous nous étions mariés pour le meilleur en espérant ne jamais connaître le pire, mais de ce pire notre amour est sorti plus fort encore, notre couple, plus solide, n'en déplaise aux mauvaises langues. Il est si rassurant, il a le don de transformer l'inacceptable en supportable, il vous aime et vous attend, dans une étrange confiance, sorte de refus de l'échec qui lui rend les événements moins difficiles à vivre. À moins que ce ne soit un mensonge, un gigantesque numéro de comédien pour me préserver. Avec le recul, j'en suis de plus en plus convaincue. En tout cas il est – avec le Lexomil, dont je n'ai pas pu faire l'économie – un support essentiel à ma détresse.

J'attrape mon smartphone, sans doute plus fatigué encore que moi, et appelle Cochin.

Ça sonne pendant quelques secondes interminables, durant lesquelles mon cerveau, anéanti par l'angoisse, se laisse aller aux spéculations les plus sombres. Je fais semblant de trouver tout cela normal, supportable, alors que je suis dévastée. Cependant, j'ai appris à vous regarder sans pleurer. Il faut croire que nous développons des anticorps à la souffrance, un voile de morphine devant les yeux qui transforme une image trop cruelle, la vôtre, en une image… tout court.

*
* *

Le soir, quand je rentre, j'attends. J'attends de vos nouvelles, de bonnes ou de mauvaises, j'attends de nouveaux résultats, j'attends le lendemain pour vous serrer dans mes bras. Attendre, c'est mon quotidien.

J'accepte peu à peu, et malgré moi, mon impuissance. Je me résous à vous laisser entre des mains impersonnelles et froides, dénuées d'affect, des mains qui ne sont tout simplement pas les miennes, et cela pour assurer une situation que je ne maîtrise pas, votre survie.

À l'heure où j'écris ces mots, vous êtes stables et nous devons attendre demain pour de nouveaux résultats. Vous me manquez tellement, je voudrais prendre votre douleur, je voudrais être intubée, extubée, « kinésithérapiée », piquée, encore et encore. Je refuse que vous souffriez et pas moi. Ce n'est pas juste, vous êtes si purs, si dénués de vices, vous êtes dans l'incompréhension des événements, vous voudriez juste la paix.

Je le sais, mes chéris, et, croyez-moi, si vous m'êtes rendus sains et saufs, je consacrerai mon existence à vous faire oublier cette arrivée sur terre.

14

Aujourd'hui, mon coup de fil matinal à l'hôpital ne m'ayant rien appris de désastreux, j'ai eu la force de penser, de rassembler mes idées.

J'en ai assez d'être faible, de me reposer sur cette dépression qui me permet de ne pas affronter la réalité, et d'accabler votre admirable et courageux papa de mes sanglots, malaises et autres crises d'angoisse, comme si j'étais seule au monde. Nous sommes quatre et je me dois, pour vous trois, de me ressaisir. Je décide de vous protéger à ma manière, avec mes moyens.

Il faut à tout prix que je vous confie à votre arrière-grand-père, mon papou adoré décédé en avril dernier. Je veux que cet homme, qui m'a en grande partie élevée, ce grand monsieur impressionnant d'humanité, au sens surdéveloppé du devoir et de la famille, à l'intelligence et au bon sens sans pareils, veille sur vous, mes petits bébés. Accompagnée de son épouse, votre tout aussi merveilleuse arrière-grand-mère, j'ai donc religieusement collé sa photo sur le mur de cette pièce impersonnelle et glaciale qui vous sert de chambre.

*
* *

J'ai également éprouvé le besoin de me tourner vers mes origines juives et me suis rendue à la synagogue à la rencontre d'un rabbin. Pour quelle raison ? Je ne le sais pas précisément, mais j'ai ressenti soudain viscéralement le besoin de me rapprocher de ma religion, qui m'est étrangère, comme pour expier des sentiments impurs qui auraient éventuellement pu être la cause de votre arrivée prématurée. J'ai été reçue par le rabbin Kleiner, un homme d'une sagesse, d'un bon sens et d'une humanité rares. Une heure durant, il m'écouta, me conseilla, m'insuffla un courage et un espoir nouveaux.

Il me permit notamment ce jour-là de comprendre que je pouvais, que je devais me réjouir de mon statut de maman, sans avoir peur qu'il me soit retiré car, quelle que soit l'issue, je serais toujours une maman. Que l'on me donne ce droit que je m'étais refusé me procura un incroyable sentiment de bien-être et de soulagement.

Aujourd'hui que je peux à nouveau plaisanter, je me dis que ce merveilleux homme de foi m'a alors, par ces mots, permis d'économiser un coûteux travail d'analyse que, qui sait, j'entreprendrai peut-être un jour.

Portée par cette rencontre lumineuse, ma volonté de communiquer avec Dieu, malgré mon manque de connaissances religieuses, m'a poussée à Lui demander de m'envoyer un signe, une toute petite lumière dans le brouillard qui m'entourait. Et c'est ainsi que mon mari chéri, peu après ma sortie de la synagogue, m'annonça que le canal artériel de Jules s'était refermé tout seul. Merci la cure d'ibuprofène, mais je demandai tout de même au rabbin Kleiner de vous inclure dans ses prières du samedi, sait-on jamais.

Enfin mon Dieu, enfin je pouvais me délasser quelques heures sur une victoire ! Et si c'était le signe que les choses allaient évoluer favorablement ? J'étais reconnaissante envers la vie, j'étais apaisée, comme si mes prières avaient été entendues ; je croyais en tout, je croyais en vous, je continuais à avoir peur, bien sûr, mais je voulais oublier cette crainte pour une soirée, ne penser qu'aux bonnes nouvelles, aux jours qui passaient et vous éloignaient de l'extrême prématurité de votre naissance. Peut-être que, le lendemain, l'avalanche de bonheur à contempler un petit filet de lumière perdurerait.

Comme pour m'en convaincre un peu plus et nous porter bonheur, je décidai de mettre à nouveau le bracelet d'Amma, femme gourou mondialement connue pour le pouvoir guérisseur et apaisant de ses câlins. En somme, je me rattache à ces superstitions, à ces croyances, avec toute la névrose que créent les situations dramatiques.

*
* *

Dans les premiers temps, il est arrivé que, trop impuissants, nous décidions de partir, de fuir cette ignoble réalité, les bébés branchés, intubés, contrôlés, pesés que vous étiez devenus… Nous préférions reprendre des forces afin de mieux faire face, nous revenions alors l'après-midi.

Nos amis, nos proches nous ont aidés à tenir le coup. Durant les premières semaines qui ont suivi votre naissance, papa et moi avons survécu grâce à un isolement sécurisant mais excessif, comme une peur d'affronter la vie, remplie de gens heureux. Puis, au fil du temps, de leurs témoignages d'affection, nous nous sommes rappelé que nos amis nous feraient du bien, nous sortiraient pour quelques heures de notre réalité éreintante. Ils nous rendraient ainsi plus forts, plus à même de vous accompagner et de vous donner du courage. Ces rares moments de répit me restent tout particulièrement à l'esprit.

Il y a ainsi eu, alors que pourtant rien ne s'y prêtait vraiment, la première fois où j'ai pu un peu me détendre, un samedi après-midi en compagnie de ma sœur chérie. Nous l'avons passé à rire, et cela m'a fait le plus grand bien. Nous avions été si joyeuses par le passé toutes les deux, nous avions partagé tant de moments d'insouciance et de fête. Oui, votre tata, qui ne vivait plus que pour vous rencontrer, fut pendant longtemps la partenaire idéale à la douce débauche de votre maman. Il faut bien que jeunesse se passe...

En tout cas, comme rattrapées par des réflexes de bonheur ancrés, nous nous sommes laissées aller à nos activités favorites : le rire et la raillerie, souvent au détriment du reste de l'humanité.

Cette journée s'est achevée par une agréable et rassurante conversation sur votre cas avec mes infirmières préférées, et un dîner avec notre ami Husky, dont l'humour absurde et délicieux est venu clôturer une journée un peu trop légère, mais durant laquelle à aucun instant vous n'êtes sortis de mon esprit.

Les rires salvateurs et bienvenus étaient, à ce moment précis, le meilleur antidote à notre dérive.

15

C'est vrai que l'on s'habitue à tout dans la vie, même au malheur. Ce matin, l'infirmière m'apprend au téléphone que toi, Bella, ma petite puce, tu saignes toujours, ils doivent t'aspirer toutes les trois heures. À part ça, tu as une bonne respiration, et le reste va bien… Le reste ! Qu'y a-t-il de plus important que ton hémorragie pulmonaire ?

Toi, mon beau Jules d'amour, quel miracle, tu es stable et toujours pas réintubé. Quelle ironie, je m'habitue à l'insupportable et, aujourd'hui, tu vas bien. Je n'oublie pas pour autant qu'en un instant ton état peut se dégrader. Le plus difficile, c'est peut-être ce jeu pervers d'améliorations et de rechutes.

Je m'étais tellement préparée au pire pour toi, ma fille, que finalement cette machine ne m'impressionne pas plus que ça. Tu es sur le dos, ta magnifique bouche en forme de cœur entrouverte, des petits écouteurs jaunes posés sur tes oreilles pour masquer un tant soit peu le bruit de cet atroce respirateur. Je sais que tu es dans une phase aiguë et dangereuse de ton parcours, il faut stopper cette satanée hémorragie.

Je me refuse à l'abattement et savoure un merveilleux peau à peau avec toi, mon fils chéri, colossale consolation à cette inquiétante étape d'entre-deux.

C'est bon, si bon.

J'en profite pour te faire écouter du Stevie Wonder et du Lenny Kravitz depuis mon BlackBerry enveloppé dans un plastique stérilisé, en attendant que Bella puisse les découvrir à son tour.

Quel régal de te sentir apaisé sur ta maman, sans mains étrangères pour parasiter notre amour et notre tranquillité. Tu ne fais pas une seule apnée sur moi, tu es serein. Tu as eu un charmant hoquet hier, aujourd'hui c'est un petit cauchemar, qui te fait sursauter. Je te réconforte avec ce tout nouvel et illustre instinct maternel qui croît en moi au fil des jours. Comme il est bon de te sentir t'agripper à moi, t'accrocher tel un petit alpiniste à ma poitrine.

Je te regarde dormir calmement sur moi, tout en regardant avec désolation ta sœur.

L'après-midi, je somme votre père de rentrer faire sa sieste afin d'être en forme pour le spectacle de ce soir. Je me sens à ma place et je suis fière, malgré la difficulté de la situation, d'être là.

Pour la première fois, Céline, la charmante infirmière qui est d'une nature extraordinairement joyeuse et positive (je ne sais pas quel est son secret, mais elle fait partie de ces rares personnes qui ont l'audace d'aimer leur vie), me convainc de te changer moi-même ta microscopique couche, mon garçon. Quelles délices ! Avec son aide, je nettoie à l'aide d'un petit coton tes parties intimes, puis te mets une nouvelle couche.

Cet après-midi est décidément plein de joie, car soudain la nouvelle retentit : Bella, tu n'as plus de sang dans tes sécrétions. J'ai envie d'étreindre Céline avec passion, de hurler mon bonheur et mon soulagement, de sangloter, de ce pleur jouissif et salvateur de l'enfant qui sort d'un cauchemar et qui se laisse aller dans les bras de sa maman car il sait qu'il est en sécurité. L'hémorragie semble s'être arrêtée, même si les médecins se montrent prudents et restent vigilants.

Je pars le cœur léger. Le coup de fil à l'infirmière du soir, Cécile – qui est bien plus qu'une infirmière d'ailleurs, tant elle sait trouver les mots –, nous confirme la fin de l'hémorragie. Elle nous donne ensuite des nouvelles de Jules, qui sonnent à nos oreilles comme les plus doux des compliments : « Réceptif, dynamique, stable », il n'a pas fait de bêtises, et lui a même abîmé l'index à force de le sucer pendant les soins.

Je suis si heureuse, après ces bonnes nouvelles. Papa et moi, nous nous prenons dans les bras avec force et croyance… Nous sommes à nouveau remplis d'espoir.

16

Cette journée débute assez mal. Tout d'abord, la femme Scorpion que je suis commence à bouillir d'impatience et de rage de ne rien pouvoir faire. J'en ai assez d'être sans cesse suspendue au verdict du coup de fil matinal, sans jamais être sûre de rien, je n'en peux plus de vivre dans l'inquiétude permanente, je suis comme rongée de l'intérieur. Je voudrais que cela cesse.

Bella, tu es toujours branchée à cet atroce respirateur. On continue de te prélever toutes les trois heures des sécrétions, dans lesquelles il reste encore quelques minimes traces de sang... Moins qu'hier et j'espère plus que demain. Mais tant qu'elles subsistent, tu dois rester dans cette machine infernale, ma petite fille, qui t'oblige à être « sédatée » – mise sous sédatif – pour en supporter les vibrations.

Je donnerais tout pour que tu sortes de cette phase aiguë de danger, d'inconfort et d'instabilité, et que tu reprennes le bon chemin... Tous ces maux viendraient de ce satané canal, pour rester polie. J'attends que tes médecins sortent de réunion pour savoir si ta cure d'ibuprofène est parvenue à le refermer. J'ai peu d'espoir, car il était grand ouvert, « un boulevard » selon les termes de ta pédiatre.

Souvent le soir, quand je m'apprête à rentrer, je suis fatiguée, dans mes pensées, un peu ivre de tant d'émotions contradictoires, aussi ne suis-je pas de très bonne compagnie. Dans l'enfermement de l'hôpital, on se sent vite claustrophobe. Vulnérables, on en vient parfois à tout voir en noir, à déceler de la malveillance dans ce qui n'est parfois qu'une parole indélicate et malvenue. C'est dans cet état d'esprit que je me trouve ce soir-là.

N'ayant pas pu voir les médecins pour Bella, je me suis consolée avec un nouveau câlin à mon fils. Je voudrais rester sur cette dernière image, mais c'est compter sans l'intervention d'une infirmière qui me laissera furieuse. Déployant sa grande taille sur mon petit gabarit, elle se lance dans un étrange discours.

Je ne sais pas si c'est mon statut de personnage public qui l'irrite ou qu'elle envie, peut-être est-elle seulement maladroite – laissons-lui le bénéfice du doute –, mais sur le moment j'ai l'impression que par ses mots alarmistes, les termes qu'elle emploie, elle cherche à me torturer, à saper tous mes espoirs, comme auto-investie de la mission de me rappeler que le malheur frappe tout le monde, peu importe votre condition sociale.

Comme si je ne le savais pas... La voilà donc qui, profitant de mon absence de réaction, se lance dans un monologue morbide sur le fait que vous pouvez mourir d'un jour à l'autre et qu'il faut donc d'autant plus profiter de nos moments ensemble, de ces câlins avec mon fils car, s'il s'en allait, il emporterait avec lui cette « belle journée ».

Je pars en titubant, détruite et désespérée d'avoir entendu ces mots.

Je ne lui répondrai pas sur le moment car je n'en ai ni la force ni l'envie. Mais je rumine en sortant de l'hôpital :

– Je t'emmerde, vieille conne je vous emmerde, toi, ta rancœur, ton teint ravagé de méchanceté et terni par trop de tabac. Mes enfants, je les ai et je compte bien les garder.

Ça soulage.

17

La sentence est tombée, le canal artériel de Bella est toujours ouvert, la troisième cure d'ibuprofène n'a pas fonctionné. Elle ne peut donc pas échapper à l'intervention chirurgicale. Elle est toujours dans ce respirateur, son petit casque sur les oreilles. L'hémorragie est enrayée, mais il n'est pas question de retirer ma fille de cette machine infernale qui la fait vibrer, car elle optimise sa préparation à l'opération.

Si cela fait quelques jours que nous nous préparons à cette nouvelle épreuve, rien en revanche n'aurait pu nous préparer à notre rencontre avec la chirurgienne chargée de l'opération.

En ce vendredi, nous sommes alpagués sans préambule dans la chambre des enfants par la voix autoritaire d'une femme d'allure plutôt BCBG, la cinquantaine, des traits réguliers mais sévères que viennent péniblement adoucir des yeux azur.

– Bonjour, vous avez demandé à me voir ?

La Gestapo n'aurait pas été plus inquiétante. Nous précisons d'emblée que nous n'avons pas encore exprimé cette requête, mais qu'importe, ça n'est déjà plus le sujet. Peut-être voulait-elle voir de ses propres yeux le couple Bigard ? Comme il nous faut baisser la voix pour ne pas perturber nos bébés par des nuisances sonores, elle nous demande de la suivre dans un coin plus tranquille. En marchant derrière cette surprenante femme de glace, tout droit sortie d'un film d'Hitchcock, je réalise avec effroi que nous allons devoir te laisser entre les mains habiles de cette étrangère, Bella.

Et de l'habileté, j'espère que cette chirurgienne en a à revendre car si la ligature du canal est un geste considéré comme simple, il nécessite une extrême minutie. Il semblerait que cette femme soit réputée pour ses doigts de fée, d'après ce qu'ont pu nous dire les infirmières. Elle a opéré cent vingt prématurés du canal artériel et, comme elle nous le précise avec un effrayant contentement, elle n'a eu qu'un mort. La conversation préopératoire qui suit est austère, terrifiante. Cette chirurgienne parle d'un ton monocorde, en chuchotant à l'extrême, comme pour mettre en exergue et dos à dos la gravité du sujet et ses compétences.

Nous regagnons votre chambre avec papa, remplis d'inquiétude, graves de résignation. Nous n'avons pas le choix et c'est bien cela le plus terrible.

*
* *

La veille de son opération, Bella montre les signes d'un éventuel début d'infection. Cela ne cessera donc jamais ? Je ne vois pas l'issue pour toi, ma Bella. Si tu fais à nouveau une infection, cela décalera ton opération, tu t'affaibliras encore et, surtout, tu passeras encore plus de temps intubée, branchée à cet ignoble respirateur qui se substitue à tes poumons. Bien que ton opération me terrorise, elle est nécessaire, salutaire pour toi, ma fille.

*
* *

Ma Bella, cela fait plus de dix jours que ton état est préoccupant, instable, sans petites améliorations auxquelles nous raccrocher. France, ta si charmante infirmière de la nuit, t'a pratiquement sauvé la vie hier en te transfusant en urgence. Sans doute iras-tu mieux après cela. Ta grande fatigue et ta pâleur étaient les conséquences d'une spectaculaire perte de globules rouges, liée encore et toujours à ce fichu canal. J'en viens à me languir de l'opération de demain, même si ta fragilité me préoccupe, cette intervention étant un tel traumatisme pour ton petit organisme affaibli.

Je parviens étrangement à m'endormir cette nuit-là, comme anéantie par tant de chagrin, d'épuisement psychologique. Je suis envahie par une fatigue façonnée par l'absorption d'un demi-Lexomil… et je plonge bientôt dans un sommeil affligeant de fatalisme et de résignation morbide.

Demain est un autre jour. Demain, Bella, tu seras au bloc.

18

Cette journée fut si riche en émotions diverses et contraires qu'il m'est plus facile de commencer par la fin. Ma fille adorée, ma poupée, ma Chupa Chups à la fraise, mon petit être adorable, innocent et pur, tu as gagné ! Tu as subi cette intervention et le verdict est le suivant : l'opération s'est bien passée. Mais je me dois de revenir sur les étapes de cette journée aux allures de comédie dramatique italienne.

Nous avions décidé, avec papa, de vivre et passer cette épreuve en famille. L'union fait la force, comme on dit, c'est on ne peut plus vrai.

Nous sommes tout d'abord venus vous voir ce matin. Toi, mon fils chéri, tu semblais ressentir, avec toute la sensibilité qui te caractérise déjà, notre angoisse. Je suis même convaincue que tu savais que ta sœur partait pour vivre un moment difficile et périlleux. Je t'ai caressé le dos, j'ai posé ma main sur ton crâne, et j'ai chanté un peu pour toi. Avec tout mon amour, je t'ai apaisé, je t'ai signifié que tout irait bien. Je n'en étais pourtant pas vraiment certaine, mais mon rôle était de te préserver, de te protéger. Puis nous t'avons donné nos dernières recommandations, Bella chérie. Avec émotion, cachant une peur indicible, papa t'a dit :

– Courage, chérie, force et honneur.

Il t'a encouragée avec la même rage de vaincre que celle qu'il emploie avant de monter sur scène. C'était ton Stade de France à toi, ma fille, ton plus gros challenge depuis ta naissance, survivre à cette intervention.

Pour ma part, je t'ai susurré dans le creux de l'oreille :

– Courage, ma poupée, je t'aime, mon amour.

Je voulais te dire que je t'aimais, encore et encore, pour être sûre que tu l'entendes bien, pour échapper au regret de ne pas te l'avoir suffisamment dit *si jamais*…

*

* *

Florence t'avait préparée, gonflée à bloc comme un boxeur avant un combat. Tu étais toute propre, belle et sereine. Je me réjouissais du fait que, contrairement aux adultes, tu n'aies pas conscience du danger ni de la douleur qui t'attendaient. Mais, paradoxalement, cette idée m'est aussitôt devenue insupportable : tu ignorais tout de cette épreuve, qui, dans le pire des cas, pourrait se révéler funeste. Sur ton visage, on lisait l'expression déchirante de l'innocence.

Quand ils t'ont emmenée, nous avions l'impression de te trahir, de t'envoyer là-bas à ton insu. C'était pour ton bien, évidemment, mais c'était terrible. Nous sommes partis, papa et moi, comme des zombies, lobotomisés par la crainte effroyable de ne plus te revoir en vie.

Après toutes ces semaines de sous-alimentation, notre corps réclamait des forces pour tenir toute la journée ; nous nous sommes retrouvés attablés devant une délicieuse viande que nous avons savourée comme le dernier mets du condamné.

J'essayais d'être forte, je n'envisageais tellement pas de devoir te survivre que cela rendait toute issue dramatique aussi absurde qu'inacceptable. Mais votre papa a alors eu un sanglot déchirant, un sanglot qu'il s'était interdit depuis votre naissance. Et j'ai vu à travers son chagrin tout l'amour qu'il avait pour vous, et combien il lui était douloureux d'envisager le pire.

À 13 h 30, nous sommes partis, tels deux robots de combat conçus pour gagner. Nous devions passer prendre ma mère en bas de chez elle, ainsi que ma petite sœur, Lou. Mon beau-père nous rejoindrait en scooter. Dans la voiture, on essayait de parler normalement, de feindre un état calme pour ne pas attiser nos angoisses. Puis, comme dans toute situation grave et dramatique, survint un élément divertissant. La vision de mon père, qui nous attendait devant le lieu de rendez-vous.

Il s'était appliqué pour l'occasion à être ponctuel et c'est nous qui étions en retard. C'était si inhabituel de sa part que ça en devenait amusant, car les événements l'empêchèrent de râler, et je sentis toute l'accumulation de son énervement s'engloutir en lui, pour ne laisser place qu'au papa inquiet, simple et aimant.

Nous nous sommes retrouvés dans le café face à l'hôpital, et le mélange des genres au sein de ma propre famille a suffi à me distraire.

C'était un melting-pot, une sorte d'alliance improbable de gens unis autour de la même cause. Mon père était arrivé en dandy intellectuel d'une autre époque, un petit gilet en soie bicolore cintrant une chemise blanche à rayures bleues que venait décorer une cravate noire. Il était à la pointe de l'élégance parisienne, tout droit sorti d'un roman de Maupassant, il m'attendrit.

Mon beau-père, diamétralement opposé, avait un style de mauvais garçon d'Amérique du Sud ; ses cheveux noirs en arrière, il ne quitta pas son blouson de toute la réunion, comme si celui-ci lui servait également de gilet pare-balles. Ma mère rayonnait au milieu de ces deux hommes comme une adolescente flattée de la variété de ses conquêtes.

Ma sœur restait élégante et drôle, et retirait malgré elle un peu du dramatique de la situation. Votre papa et moi trouvions du réconfort en cette assemblée loquace et cocasse.

Il y avait quelque chose de beau, de puissant, dans cette réunion familiale. Nous étions rassemblés pour toi, ma Bella, pour faire un mur d'amour autour de toi pendant ton intervention qui était prévue à 14 heures.

L'ambiance était encore détendue, nous attendions, nous n'étions pas seuls, et c'était réconfortant. Florence devait nous appeler sur le téléphone de votre papa sitôt l'intervention « d'une heure environ » terminée. Inutile de préciser que nous avions tous, dès 15 heures, les yeux rivés sur cet appareil.

15 h 15. Mon cœur commence à se nouer de plus en plus. Pourquoi est-ce si long ? Tout le

monde y va de ses spéculations : es-tu encore sur la table d'opération ? Peut-être est-ce fini, ou bien pas encore commencé ? Soudain, la sonnerie retentit, le numéro de l'hôpital s'affiche. Tout le monde retient sa respiration et reste suspendu aux paroles de votre papa. C'est la gentille Florence qui prend le temps de nous prévenir, pour ne pas que nous nous inquiétions davantage : on vient seulement de t'emmener au bloc.

Cette fois, nous sommes dans l'attente, la vraie. Chaque minute représente pour nous un geste chirurgical. Puis, pour écarter loin de nous le stress naissant, nous nous plongeons, avec un instinct de survie communicatif, dans nos souvenirs les plus heureux. Il est si bon de convoquer le passé quand le présent devient insoutenable. Ma chère mamie Henriette (mon arrière-grand-mère maternelle, tant aimée et disparue il y a quatre ans), tu es à l'honneur : tes habitudes, tes plus grandes répliques, ton charisme et ton caractère si plaisant. Tu avais un humour et un culot sans pareil…

Je ris pour ne pas mourir. Le temps passe si lentement… Je regarde compulsivement ma montre : 15 h 30, puis 35, puis 40.

J'ai arrêté de respirer, et je ne peux plus m'empêcher d'imaginer en secret des scénarios catastrophes, mais je garde la face et continue à sourire et à accueillir avec nostalgie ces souvenirs d'antan.

C'est dans cet élan de bonne humeur familiale destiné à faire taire la terreur dont nous sommes la proie que la sonnerie du téléphone de Jean-Marie retentit à nouveau. Tout le monde à table s'arrête net lorsqu'il décroche et met le haut-parleur.

Papa :

– Allô ?

Pour nous, c'est déjà un mot de trop, nous voulons le verdict, vite.

À l'autre bout du fil, une dame :

– Je me présente, je suis Stéphanie.

Oui et alors, on s'en balance que tu sois Stéphanie, tu peux juste nous dire si elle est en vie, merde ! C'est ce que nous pensons tous.

Papa :

– Oui ?

Les secondes s'égrènent en heures, en années. Va-t-elle faire durer un suspense de mauvais goût, telle une présentatrice de téléréalité pour annoncer l'élimination d'un candidat ?

La dame :

– Vous êtes bien le papa de Bella ?

C'en est trop, madame, je vous en prie, lâchez le morceau, abrégez notre souffrance, pitié !

Papa :

– Oui.

La dame :

– Alors voilà, l'opération s'est très bien passée !

Un sentiment de relâchement total s'empare de moi, comme si je revenais à la vie après être restée trop longtemps privée d'air. J'ai vécu ce coup de fil recroquevillée dans les bras de ma mère. Je voulais m'y engloutir, j'y serais morte foudroyée si la nouvelle n'avait pas été celle-là.

Je remercie le ciel, prends mon mari dans mes bras. Nous sanglotons, nous rions, mon papa applaudit. C'est une victoire, sans doute la plus belle victoire de notre vie. Tu as gagné, ma beauté, tu es en vie !

Nous prenons à peine le temps de nous remettre de nos émotions que déjà nous traversons la rue et regagnons l'hôpital pour nous entretenir avec notre désormais chirurgienne préférée.

Quand nous entrons dans votre chambre, je viens aussitôt te rassurer, mon bébé Jules, te dis que ta sœur est réveillée et que tout va bien. Puis j'ai une vision qui, dans d'autres circonstances, aurait été insoutenable de cruauté, celle de ta couveuse vide, ma fille, et, posés sur le lange rose, ton doudou et ta tétine. Merci, mon Dieu… Merci.

La chirurgienne arrive et sait calmer notre joie hystérique avec un art consommé de la froideur ou de l'humour le plus pince-sans-rire que je connaisse, je ne saurai jamais. Cette étrange femme, dont la douce folie est sûrement à la hauteur de son génie, nous coupe net dans nos remerciements sanglotants :

– Ne me remerciez pas à ce point. Si j'avais échoué, je n'aurais pas accepté que vous me poignardiez.

Un instant décontenancés par cette réplique, nous choisissons de nous en amuser, elle n'a pas tort après tout, et puis, avouons-le, nous aurions tout accepté d'elle, qu'elle nous insulte, qu'elle nous batte, elle t'avait sauvé la vie, ma fille.

Votre père a alors une réflexion hilarante qui me rappelle à quel point j'aime son esprit :

– C'est formidable, elle ne loupe pas une occasion de nous humilier.

C'est absolument ça. Si cette femme avait voulu nous rabaisser plus bas que terre, nous, simples mortels ignorants des mystères de la chirurgie, elle ne s'y serait pas prise autrement.

Votre papa ose néanmoins une ultime question :

– Alors, vous l'avez trouvé tout de suite, le canal ?

Quelques jours auparavant, on nous avait en effet expliqué que, parfois, le canal artériel est difficilement repérable, ce qui rend l'intervention plus délicate. La réaction de la chirurgienne est immédiate ; de son ton condescendant d'intelligence supérieure qui consent à plaisanter avec un simple d'esprit, elle répond avant de nous planter là :

– Oui, j'ai trouvé le canal, monsieur. Je le trouve toujours.

Peu importe cette douche froide, l'adrénaline est si forte que nous ne savons plus si nous devons rire ou pleurer, on a envie de hurler de joie, de crier à la Terre entière :

– L'OPÉRATION S'EST BIEN PASSÉE !

*
* *

Lorsque nous rentrons ce soir-là, tous les deux lessivés, la tête qui tourne encore, les jambes flageolantes, nous sommes ivres de bonheur et de soulagement. Nous sommes convaincus que, même si le chemin sera encore long et semé d'embûches, nous sommes, vous êtes sur la bonne voie.

III

Vers la délivrance

19

Les soixante-douze heures qui suivront l'opération s'annoncent difficiles. Risques d'hypotension, de fort besoin en oxygène… Nous sommes préparés à tout. On t'a mise sous sédatifs, ma chérie, afin que ta cicatrice ne te fasse pas trop souffrir.

Lorsque j'arrive à l'hôpital le lendemain matin, les choses se sont quelque peu tassées, vous êtes relativement stables et les suites opératoires ne présentent pas de complications.

Marianne, votre pédiatre référente, est assez optimiste. Marianne, dont les lèvres desséchées, le chignon mal fait, la minceur et le manque absolu d'artifices révèlent toute son implication dans son métier, et indiquent qu'elle est bien trop occupée à sauver des vies pour penser à se mettre un trait d'eye-liner. Chaque fois qu'elle entre dans votre chambre, on dirait qu'elle a un peu froid. Son métier ne lui laissant guère de place pour le repos, elle montre cette sorte d'hypothermie qui affecte les grands travailleurs. Elle est pourtant jolie et souriante, et son calme, même s'il est le reflet d'un épuisement certain, est sécurisant. Pour Marianne, donc, ton état, belle Bella, est très correct pour une post-intervention, et il faut prendre son temps avant de te changer de machine pour te repasser en conventionnel. C'est bien là mon souci, je voudrais tout, et tout de suite. Je déteste, j'en ai plus qu'assez de « prendre mon temps ».

C'est plutôt étrange, mais nous avons envie d'y croire avec votre papa. À partir de maintenant, nous voulons penser que vous êtes hors de danger, que, même si nous nous attendons à d'autres petites bêtises, à d'autres accidents de parcours, comme des infections, des réintubations, des problèmes de digestion, quoi qu'il se passe vous allez vivre, et en pleine forme.

C'est si soudain, je n'ai jamais eu autant d'espoir depuis votre naissance. Cette intervention passée et réussie, je me dis, peut-être à tort, qu'il ne peut plus rien t'arriver, ma petite fille. Et voyant tes progrès, mon fils, mon petit bonhomme de neige, je te sens aussi sur la bonne voie…

J'ai une tout autre idée de votre prématurité. Il faut certes s'armer de patience, mais à tout souci la médecine aura une solution.

Peut-être la perspective de Noël nous apaise-t-elle, nous nous rapprochons malgré nous d'une échéance joyeuse et festive qui ne peut s'accompagner d'événements désastreux. Peut-être, tout simplement, qu'on vous aime si fort qu'on ne peut, pour notre santé mentale, plus penser autrement.

20

Tout a changé depuis hier. Eh oui, bienvenue dans le milieu impitoyable, versatile et inconstant de la néonatalité. Pas de répit, pas de dimanches, nous sommes devenus les héros d'un thriller haletant, où tout peut basculer d'une minute à l'autre. On ne peut se reposer sur rien, jamais. C'est comme un stage intensif au GIGN, une sorte de mise à l'épreuve de notre endurance mentale.

Hier soir, après avoir écrit mes dernières lignes, j'ai passé un coup de fil à l'hôpital. Céline, avec sa joie de vivre communicative, m'a donné des nouvelles réjouissantes. Je vous avais quittés une heure plus tôt et entre-temps, Bella, tu avais regagné un incubateur conventionnel (qui ne fait plus vibrer ton petit corps de manière inhumaine), et toi, mon fils chéri, comme ton état semblait le permettre, tu étais passé en Flow normal – contrairement au Flow Advanced où tu étais jusqu'alors, qui donnait une pression supplémentaire d'air dans ton masque.

C'est fou comme on apprend vite quand on est concerné à ce point par une situation. Il s'agit de vous, nos deux petits anges. On ne peut pas se permettre d'avoir un mauvais niveau, nous sommes devenus les premiers de la classe et maîtrisons ce jargon médical à la perfection.

Ce matin, donc, tout a changé. Pas pour toi, ma Bella, qui continue à te satisfaire de l'incubateur conventionnel et qui a, de fait, de bonnes suites opératoires, mais pour toi, mon petit Jules. Tu as fait énormément de bêtises, toute la matinée, à tel point qu'ils n'ont pas eu d'autre choix que de te réintuber.

Voilà... Je le redoutais depuis dix jours, et c'est arrivé. À nouveau, il a fallu effectuer sur toi ce geste douloureux et traumatisant. Quel chagrin d'arriver dans votre chambre et de te voir à nouveau intubé ! D'autant qu'il est possible, selon Marianne, toujours aussi frigorifiée, que la sonde d'intubation soit trop petite pour ta trachée et qu'il faille t'en reposer une plus adaptée ce soir si tu continues à faire des bêtises.

Car oui, vous pouvez, petits prématurés, même intubés, continuer à faire des apnées. Cela est moins dangereux, mais ça vous empêche de bien vous reposer, ce qui est donc problématique et rend l'intubation moins utile. Je te vois grimacer, pleurer, mais sans le son (qui dit intubé, dit pleurs sans bruit), pour manifester ton inconfort. Je sais que plus vous avancez dans le terme, moins vous supportez l'intubation.

Cela me fait si mal de te voir souffrir, mon trésor. Pourquoi ? Tu étais si stable ces derniers temps ! Peut-être veux-tu nous montrer qu'à présent que ta sœur va mieux il faut qu'on s'occupe de toi ? La réponse rationnelle serait que tu couves une infection, bien que ton CRP (indicateur d'infection) n'ait pas augmenté ce matin. Nous aurons le CRP de ce soir vers minuit. Je privilégie cette hypothèse en écrivant ces mots car, outre ces bêtises, tu es, d'après les infirmières qui commencent à te connaître, très fatigué, voire complètement à plat.

Tu n'as pas ton infirmière de nuit qui t'adore, Cécile est absente pour la semaine. France, qui, elle, connaît très bien Bella, s'occupera de vous deux. J'espère que rien ne lui échappera. Tout me rend folle d'inquiétude. Je vous laisse, mes tout-petits, toutes les nuits à des nounous médicalisées, qui doivent assurer votre survie.

Je voudrais tant que vous soyez plus vieux de trois mois, deux mois, ou même d'un mois.

Jamais je n'ai voulu à ce point que le temps passe. Que le temps défile jusqu'au jour où je ramènerai mes beaux bébés à la maison, que le temps m'éloigne de ce chemin, de ce couloir des urgences de la maternité de Cochin que j'emprunte chaque jour avec angoisse et appréhension pour venir à vous. Je voudrais me réveiller de ce long cauchemar, traverser notre salon, aller jusqu'à votre chambre et vous découvrir, endormis comme deux poupons dans vos lits rose et bleu à barreaux.

Alors je sourirais, et j'irais, emplie de quiétude, me recoucher auprès de votre papa que j'aime tant…

Peut-être qu'un jour…

21

« Mais tout peut changer / Aujourd'hui est le premier jour du reste de ta vie. » Voilà de belles paroles, d'une belle chanson pour de beaux bébés, que je chantonne pour vous sur un magnétophone. Aujourd'hui, j'ai enregistré quinze minutes de chansons que vous écoutiez dans mon ventre, et quelques mots doux, pour que les infirmières vous les passent pendant les soins. Cela vous apaisera-t-il ? J'ai tendance à le croire car, au son de ma voix, vous ouvrez souvent vos yeux ravissants, et je sens, même si rien ne le prouve, que vous y trouvez un certain réconfort.

Je voudrais croire que vous n'avez aucune conscience des choses, que vous ne savez pas forcément qui vient vous changer, si l'une est plus douce que l'autre, et si au milieu de toutes ces jeunes femmes se trouve votre maman.

Je voudrais croire à cela, car je me dirais ainsi que vous n'avez pas conscience de la malchance que vous avez eue en arrivant si tôt.

Si vous n'aviez pas de conscience, vous ne mesureriez pas la portée de tous les gestes qui sont pratiqués sur vous, et vous en souffririez moins. C'est peut-être le cas, je le souhaite de tout mon cœur car je pense, et on me l'a confirmé, qu'un adulte ne supporterait pas le tiers de ce que vous endurez. Nous grimaçons à la moindre prise de sang, grands lâches que nous sommes, nous les adultes, alors que vous supportez perfusions, intubations, opérations et autres sondes gastriques.

En tout cas, en mettant de côté tout cela et en ne me concentrant que sur votre état général du jour, je peux dire qu'il a été bon tout l'après-midi. Vous étiez stables, j'ai pu vous changer, vous chanter des chansons et vous redire tout mon amour. C'était une journée calme, douce, sous le signe de l'espoir. J'étais épuisée (ma nuit avait été courte et soucieuse), mais heureuse, car quand vous êtes bien, je suis bien.

Mon petit bonhomme de pain d'épice (je sais, bientôt vous trouverez vos surnoms tout pourris et vous en rougirez, mais pour l'instant j'ai le droit), tu étais intubé mais très stable, tu te reposais tranquillement, et ton CRP était à 1, ce qui était signe que tu n'avais pas d'infection.

Ma petite sucette à la fraise, tu étais calme, un peu moins sédatée, donc plus vive. Tu te reposais avec ta tétine et ton doudou. J'ai eu le sentiment cet après-midi de n'avoir aucun souci, sorte de bouffée délirante qui me faisait penser que tout allait pour le mieux dans le meilleur des mondes...

En somme, tout se déroulait à merveille, jusqu'à ce que j'assiste à un cours interminable de travaux pratiques de première année d'école infirmière, dans votre chambre de surcroît. Ma patience a de sérieuses limites et il n'a pas fallu beaucoup de temps pour qu'elles soient franchies.

Ton infirmière du jour, ma chérie, était une jeune femme dont la corpulence et le manque de charisme absolu venaient recouvrir une épaisse couche de stupidité à l'origine d'un étonnant complexe de supériorité. Ceci la poussait à vouloir jouir de son seul et unique pouvoir, la connaissance de son métier, en l'occurrence ici en torturant une élève infirmière, pour le moins empotée, à laquelle elle faisait constater, avec une douceur extrêmement irritante, la hauteur de son incompétence. Et tout ce petit manège à côté de toi, mon innocente petite fille, qui sortais d'une opération, et dont la fragilité était à son paroxysme.

En bref, ces deux idiotes ont transformé un geste médical de dix minutes – puisqu'il s'agissait de remettre les nouvelles doses de sédation dans ton cathéter – en épopée de plus d'une heure, et j'ai vraiment eu envie d'en prendre une pour frapper sur l'autre.

L'infirmière a ainsi expliqué, pendant une heure, que c'était cette aiguille et pas celle-là, que, non, il ne fallait pas toucher avec les mains.

– Allez, recommence le dosage, tu t'es trompée, ne pose pas tes doigts directement sur la seringue.

– …

– Donc… dans ces cas-là, on fait quoi ?

– …

– Non, je te laisse réfléchir.

– …

– Oh ! là, là, là, attends, tu me mets le doute !

Cet exercice sans fin, destiné uniquement à mettre en valeur cette femme insupportable, comportait un risque supplémentaire d'infection pour toi, ma Bella. Pendant que cette élève qui, selon moi, n'était pas près d'exercer, continuait à ne rien comprendre, à mélanger les doses, les seringues, allègrement et sans urgence aucune, des microbes pouvaient se loger un peu partout et déclencher une infection dont tu n'avais vraiment pas besoin.

C'en était trop, cette fois il fallait que j'arrête cette torture chinoise, car le décalage entre ce verbiage incessant autour de trois aiguilles et la beauté de ton innocent visage commençait à me taper sur le système nerveux, déjà bien sollicité ces derniers temps. Je suis donc intervenue :

– Excusez-moi, ça va durer encore longtemps ? Non, parce que je veux bien que vous ayez à charge une élève en formation mais, à un moment donné, ça va s'arrêter, quand même ? Vous ne pouvez pas faire des expériences sur un autre bébé ? Un bébé qui ne serait pas né à vingt-sept semaines, qui n'aurait pas eu d'hémorragie pulmonaire, pas d'opération, un bébé dont la mère serait moins à cran par exemple ? Ça serait vraiment fabuleux !

Je pense que je me suis bien fait comprendre, et c'est ainsi que j'ai mis fin à ce sketch horripilant. L'infirmière, un peu déroutée mais confuse, m'a assuré que ça ne se reproduirait plus. Je ne suis pas rancunière, j'ai laissé ma colère me dire au revoir et lui ai pardonné. Je n'avais pas trop le choix, elle s'occupera de toi jusqu'à lundi, mon cœur. Ce n'était pas le moment de me la mettre à dos. Je lui ai dit, un peu plus tard, une fois ma rage déversée :

– Vous comprenez, je n'ai rien contre cette jeune femme, mais ma fille a subi trop de choses ces derniers temps pour être le cobaye d'une quelconque expérience.

En réalité, je voulais m'assurer que ça ne se reproduirait plus. J'ai donc fait en sorte de flatter l'ego de cette femme, en lui exprimant toute la confiance que j'avais en elle, pour lui donner de l'importance. J'ai poussé le vice jusqu'à lui adresser un tonitruant « au revoir, ma belle » très chaleureux, avant de regagner ma voiture et de pester à nouveau contre cet événement auprès de mon mari, dont l'oreille est toujours prête à entendre quelques coups de gueule, du moment qu'ils ne sont pas dirigés contre lui.

22

Aujourd'hui, c'est la veille de Hanoukka ; nous allons ce soir, avec votre papa, allumer la première bougie du chandelier. Je n'ai, jusqu'à maintenant, jamais pratiqué ma religion. J'étais bien trop superficielle, dénuée de valeurs pour aller au bout de quoi que ce soit, pour comprendre mes propres origines. Ce qui n'était pas de l'ordre de la fête, du confort immédiat ne m'intéressait guère. Je vivais dans une bulle de champagne rosé que rien ne pouvait percer, pas même le talon aiguille Louboutin d'une acolyte aussi déjantée que moi.

À présent, je suis disposée à m'intéresser à ce qui me rebutait, à tout ce qui était synonyme pour moi de déplaisir et de privation. J'aspire à une vie saine, avec vous, mes deux anges, et votre papa. Je voudrais donc comprendre la religion juive, qui est celle de ma famille, et pouvoir ainsi prier pour votre survie avec plus de crédibilité et une meilleure conscience. Je me raccroche à tout. Je voudrais me racheter une conduite, tout ce que j'ai pu être, je l'exècre maintenant.

Je ne comprends pas comment j'ai pu vibrer pour d'autres causes que la vôtre.

*
* *

Nous nous rendons à l'hôpital avec papa. Vous êtes plutôt bien.

Mon fils, avec tout l'atavisme colérique, volontaire et caractériel de tes parents, tu as décidé de t'extuber tout seul hier soir, après mon départ. Cela nous a amusés, car tu t'es affirmé, tu as imposé ton choix, et les médecins sont convenus que si tu avais décidé de faire ce geste en réunissant tes faibles forces, il fallait respecter ta volonté et être à ton écoute. On ne te réintubera pas.

Pas de doute, tu es bien notre garçon, et nous adorons l'anticonformisme avec lequel tu as, déjà, contourné les règles.

Papa est parti se reposer avant d'aller donner deux représentations. Je reste avec vous, et j'admets que ça devient de plus en plus agréable de passer du temps dans cette pièce, près de vos incubateurs. J'en ressens toute la chaleur, je veille sur vous, je scrute sans discontinuer les deux écrans qui nous renseignent sur votre pouls, votre taux de saturation en oxygène, comme si je pouvais conjurer une éventuelle nouvelle apnée.

C'est alors que je te vois t'agiter, ma bellita. Tu es en souffrance, de toute évidence, tu ne supportes plus d'être intubée depuis aussi longtemps. L'effet des sédatifs se dissipant, tu réalises sûrement davantage qu'un certain nombre de choses commencent à t'horripiler. Comme ton frère. Tu es bien notre fille.

Je suis soudain gagnée par la panique, car ton pouls monte de plus en plus, atteignant les 220, chiffre qu'il ne faut normalement pas atteindre. Ne parvenant pas à te calmer, je suis prise d'une profonde angoisse, te voyant t'agiter et grimacer ainsi, j'ai l'impression que tu appelles au secours. J'ameute immédiatement les infirmières qui me confirment que l'on va t'extuber très rapidement. Je souhaite que ça soit plus rapide que cela encore, et j'obtiens qu'on te le fasse immédiatement.

Je réalise que mes demandes et mon caractère de maman lionne, protectrice et impatiente, peuvent en agacer certains, mais qu'importe, il faut que je vous couve et que je veille sur vous, c'est mon devoir.

Le soulagement est immédiat quand je remonte de la cafétéria. *Enfin*, mes deux enfants, vous êtes extubés. Je ne sais pas pour combien de temps, mais là, tout de suite, à 15 h 30, vous êtes extubés. Plus de sensations dérangeantes dans votre trachée. Je respire mieux à mon tour, j'ai l'impression que l'on m'a, à moi aussi, retiré des tuyaux du nez. Quel soulagement…

Je pars le cœur plus léger. J'ai pris rendez-vous chez le coiffeur avec ma sœur et je suis ravie de pouvoir aller vers cette consolation superficielle mais tellement nécessaire.

23

Quand nous sommes toutes deux sorties du salon de coiffure branché du Quartier latin, il était 19 heures. J'avais eu de bonnes nouvelles de vous. La luminosité de nos toutes récentes mèches peroxydées nous rendait gaies malgré nous, et nous avons décidé d'aller boire un verre au Café Montparnasse. Nous avons pour quelques heures retrouvé nos habitudes d'antan, notre quartier fétiche (je sais, Montparnasse n'a pourtant rien de très glamour), et, en nous asseyant dans ce café, une bouffée de joie s'est emparée de nous.

Il fallait arroser le fait que, mes amours, vous n'étiez plus intubés, que, ma fille chérie, tu étais opérée, ton canal artériel bien fermé, que vous preniez du poids, que, ma Bella, on commençait à te redonner ton lait. Il fallait fêter tout ça et, telle une ancienne alcoolique sobre depuis trop longtemps, j'ai bu, avec volupté, ce délicieux vin corsé.

Votre tante et moi étions rattrapées par le bonheur d'être ensemble, et l'épicurisme qui nous caractérisait ressurgissait de manière tsunamique. Nous voulions rire, boire, manger et, de souvenir en souvenir, plus déjantés les uns que les autres, nous sommes parvenues, à la fin de ce verre, à l'état d'ivresse nécessaire pour affronter la vie.

En rentrant à la maison, j'ai à nouveau eu des pensées douloureuses et une crise d'angoisse à votre sujet. Je me répétais que vous étiez nés à six mois, et qu'il n'y avait rien de naturel à cela. Je me demandais si vous alliez vous en sortir. J'étais anéantie par votre prématurité, je me disais que c'était injuste de vivre tout cela, pour vous (surtout) et pour nous, vos parents.

Votre père a coupé court à ma crise d'angoisse, et, avec son fidèle ami Husky, il a ressorti les boules de Noël que j'avais achetées l'année dernière afin de décorer le sapin. Ma maman est arrivée accompagnée de mon beau-père et néanmoins accoucheur, avec pour prétexte de m'amener du Vicks contre ma toux persistante. Il était bon et rassurant de les voir débarquer en chantant. J'ai trouvé ma mère particulièrement belle ce soir-là, et cela m'a redonné un peu de joie au cœur. Mon mari et Husky naviguaient sur une douce ivresse, et nous avons ri jusqu'à 3 heures du matin.

J'ai, entre-temps, avalé un quart de Lexomil, pour ne pas perdre les bonnes habitudes, et téléphoné à la charmante Carole, votre infirmière de nuit, qui a corroboré les nouvelles de l'après-midi.

Vous étiez bien. Jusqu'à nouvel ordre. J'ai essayé de m'en contenter pour la nuit.

*
* *

Aujourd'hui nous nous sommes réveillés d'assez bonne humeur. Notre appartement trop parisien, aux huit fenêtres donnant sur les jardins des Invalides et sur une tour Eiffel prétentieuse, avait étrangement des allures de modeste maison familiale, tant les décorations de Noël et le grand sapin orné d'une guirlande lumineuse infantilisaient et humanisaient ce logement à la froideur haussmannienne. Le coup de fil matinal a été positif et, bien que, ma Bella, tu sois encore en sevrage de sédation, tu n'avais eu que deux petites crises de manque faciles à calmer.

Après une engueulade dominicale avec papa, légère et sans grande conséquence (nous avions vraiment connu pire), nous sommes partis pour Cochin. Ma bonne humeur s'était altérée au fil de ce désaccord, je me sentais fatiguée et malade, et je ne parvenais pas à rassembler mes forces pour vous. Je craignais de te contaminer, ma fille, lors du peau à peau qui était prévu.

Nous avons bu un thé à la cafèt – comme je l'avais baptisée, afin d'ABproductionniser ce lieu qui était souvent le théâtre de l'inquiétude et de la tristesse. Mais lorsque nous avons pénétré dans votre chambre, la magie a opéré. À la vue de vos visages quelque peu bouffis sous le masque, ce qui vous donnait un aspect de plus en plus poupon, nous avons eu l'impression d'approcher notre rêve : vous ramener à la maison. Ainsi nous avons très rapidement oublié les petits différends sans fondement qui nous opposaient les heures précédentes.

Papa parti travailler, je suis restée pour le câlin avec toi, ma fille. Cette fameuse infirmière, qui n'avait pas gagné en finesse d'esprit en deux jours, et qui malheureusement s'occupait toujours de toi, t'a placée sur moi.

Cela faisait longtemps, trop longtemps, que je ne t'avais pas eue dans les bras, ton corps chaud était aussi délicieux qu'une viennoiserie sortie du four, mais je n'ai pas eu suffisamment le temps d'en profiter.

Au bout d'une demi-heure, tu t'es mise à t'agiter, tu avais l'air tellement inconfortable, profondément énervée, ton pouls est monté, comme la veille, très haut, et tu t'es mise à pleurer, de ce pleur timide et peu sonore, comme filtré, propre au prématuré. J'ai commencé à m'affoler, que t'arrivait-il ? Pourquoi sur moi et, surtout, que faire pour te calmer ? J'ai tenté de te bercer en chantonnant ; j'ai posé mes mains sur ton corps pour t'entourer, te rassurer, mais rien n'y faisait.

Je voulais appeler au secours, je souhaitais qu'une infirmière vienne me délivrer de la vision inhumaine de te voir en souffrance. Qu'une professionnelle, aux mains douces mais sans sentiments, vienne, avec la distance nécessaire, te consoler. L'infirmière de ton frère est venue à ma rescousse après cinq longues minutes ; le calvaire d'être coincée avec toi en pleine crise était devenu insupportable. Je l'ai remerciée et lui ai demandé de te remettre dans ton incubateur, ce qu'elle a fait. Tu as continué à être agitée ; je voulais à présent comprendre pourquoi.

Quand papa est revenu plus tard pour me ramener à la maison, sa silhouette m'est apparue comme celle de Zorro. Il venait à mon secours, nous serions deux à présent à te voir si agitée et incommodée, nous serions deux à nous inquiéter. Tu t'es calmée, tu as retrouvé un rythme cardiaque normal, tu t'es détendue avec tes doudous. Nous pouvions partir. Nous avions le droit de rejoindre ce confortable quotidien que l'on s'était aménagé. Nous monterions dans notre voiture, actionnerions le chauffage, rentrerions dans notre appartement rassurant... mais nous le ferions le cœur plus léger que les autres jours, car même si, ma Bella, tu étais en manque de ce dérivé morphinique qu'on t'avait administré pendant plus de quinze jours, nous avions la conviction, au plus profond de notre cœur, que les choses allaient mieux.

En néonatalité, un jour de plus est un jour de moins. La victoire était sans doute plus proche qu'on le croyait, en tout cas montrait-elle, malgré elle, un peu le bout de son nez.

*
* *

J'ai l'impression de flirter avec le déni. Je voudrais que votre courbe ne soit plus qu'ascendante. Votre papa souffre du même symptôme, nous sommes deux rescapés d'une violente tempête, et nous ne voudrions plus que des éclaircies.

Je pense que c'est notre façon de tenir le coup, à mi-chemin de l'enfer et de la délivrance.

Pour ma part, je suis plus calme ces derniers jours. Je passe quotidiennement quatre à cinq heures en votre compagnie, et je parviens à transformer ces moments à l'hôpital en séquences de séries américaines. Je ne suis plus dans la souffrance de chaque instant, les grosses frayeurs de la période aiguë (le premier mois de vie) sont derrière moi. Par conséquent, mon naturel loquace et sociable revient au galop.

Les infirmières deviennent des amies, des confidentes. Nous profitons des peau à peau avec vous, mes chéris, pour cancaner entre filles, et j'apprécie ces moments dignes de *Desperate Housewives*. Toutes y vont de leurs conseils pour la suite, de leurs spéculations sur vos progrès à venir, il ne manque plus qu'une tasse de thé et des muffins délicatement préparés par Bree Van de Kamp.

Ceci est très étrange, et je ne sais par quelle obscure force de caractère je parviens à dédramatiser cette situation qui pourtant est toujours inquiétante. Vous avez encore beaucoup de choses à prouver, beaucoup de travail à fournir pour arriver au bout du chemin.

Mais je n'y peux rien, j'y crois.

24

Ma fille, mon minuscule bonbon, je n'ai pas de mots pour exprimer la douleur que j'ai ressentie aujourd'hui en te voyant en souffrance. Tu étais en manque, mon petit bébé, en manque de cette sédation, ces traitements que l'on t'avait administrés pendant plus de quinze jours.

Et dire que je me suis appliquée à cesser net tout ce qui pouvait constituer un danger pour vous lors de ma grossesse. Tabac, alcool, café, tout a disparu de mon sang ainsi que de mon champ de vision après que j'eus appris que je vous attendais. J'ai fait tous ces efforts pour rien. Pour qu'une médication vienne vous gâcher, vous abîmer, vous fragiliser, vous énerver, vous détruire, à l'heure où vous ne devriez recevoir que des effluves de tisanes au thym achetées au rayon bio.

Je suis ingrate et injuste envers le corps médical, je le sais. Je suis consciente qu'ils sont en train de vous sauver la vie et que je ne devrais pas écrire ces mots. Mais cela me soulage, je déverse encore un peu la rage que j'ai de ne pas vous avoir gardés dans mon ventre. Pardon, chers lecteurs, je me répète telle une vieille femme atteinte d'Alzheimer, mais je n'y peux rien, je continue à m'indigner contre ce maudit destin.

Laissez-moi pester encore un peu.

Je suis descendue un moment à la cafèt pour boire une boisson sucrée afin de renflouer mon corps anémié par les soucis. Il y avait là des femmes enceintes de six mois, de sept mois, voire de huit, elles souriaient, semblaient épanouies et fières d'exposer au monde entier leurs jolis ventres ronds.

D'autres personnes, de toute évidence, rendaient visite à des amies qui venaient d'accoucher, elles s'interrogeaient sur la peluche qu'elles allaient acheter au nouveau-né. Tout cela était logique, nous étions au service maternité de Cochin.

J'ai observé ces femmes qui terminaient leur grossesse sereinement, gagnaient des jours, des semaines, des mois par rapport à moi. J'ai observé ces gens qui rendaient visite à des mamans ravies, venant d'accoucher de beaux bébés à terme, pesant entre 3 et 4 kilos.

J'étais si loin de cela, *vous* étiez si loin de cela.

Ces gens-là ne se doutaient pas qu'au deuxième, à un étage du bonheur, se trouvait la porte de la réanimation. Ils ne se doutaient pas que, derrière cette porte, des êtres chétifs et perfusés se battaient, chacun dans son incubateur d'une manière admirable, pour rester en vie.

Je suis remontée dans votre chambre. Je t'ai vue, ma bellita, dans les bras de ta joyeuse et maternelle infirmière, Céline (je ne rendrai jamais assez hommage à l'abnégation avec laquelle elle s'occupe de vous, elle et les autres aussi d'ailleurs). Il avait fallu qu'elle te prenne dans les bras, bien serrés, afin de te contenir, que tu ne puisses plus te laisser aller à ces petits soubresauts, sortes de convulsions propres à l'état de manque.

J'ai regardé ton petit crâne, ton joli visage dissimulé par le masque du Flow et par cette grosse tétine stérile qui te réconforte souvent. J'étais impuissante, extérieure aux événements, tu ne m'appartenais plus. Je n'étais pas en mesure de te calmer, alors qu'une maman de passage avait réussi. Je m'en suis réjouie cependant, car le plus important pour moi est que tu ne souffres plus. Cet état, je l'espère, s'atténuera et, au fil des heures, tu te sentiras mieux. Il faut juste attendre que ces drogues quittent ton sang et que tu ne les réclames plus.

J'ai soudain pensé à la sublime chanson de Serge Gainsbourg qui décrit si bien l'enfer de la toxicomanie et de la dépendance : « Aux enfants de la chance, qui n'ont jamais connu les transes des shoots et du shit. » Je me suis alors dit qu'il y en avait de moins chanceux, comme toi, ma fille, qui démarraient la vie en subissant les effets dévastateurs et terrifiants de ce genre de saloperie.

C'était tout de même une journée « avec », car nous avions vraiment connu pire. Vous étiez toujours extubés, c'était ma plus belle victoire.

Aussi me suis-je dit, sur le chemin du retour, que je ne devais pas être trop ingrate envers les cadeaux du bon Dieu.

25

Aujourd'hui n'est pas un jour comme les autres. Nous sommes le 11 décembre. J'ouvre les fenêtres de notre chambre. Le soleil qui brille avec audace et prétention vient éclairer un ciel bleu à l'homogénéité rare pour notre capitale. Je sais que mon grand-père tant aimé est à l'origine de cette météo.

C'était tout lui, il a souhaité que le jour de son anniversaire (il aurait eu quatre-vingt-dix ans aujourd'hui) soit un jour magique, au ciel impeccable. Cela fait huit mois que mon papou est décédé, et je conserve un amour intact pour lui. Il a été mon père, mon grand-père, mon conseiller. Il était si sage et brillant qu'il était inconcevable pour nous, ses enfants et petits-enfants, de prendre une décision sans lui avoir préalablement demandé son avis.

Il me manque profondément en ce jour. J'ai été si attachée, ces dernières années, à lui rendre la vie gaie, confortable, à le rassasier d'amour à chacune de mes visites, que je me sens inutile aujourd'hui, ma vie est comme dépourvue de sens tant j'avais l'habitude de lui consacrer cette journée, de l'étouffer de mes câlins, de mes cadeaux et de ma tendresse.

Pendant quelques secondes je vous ai oubliés, mes trésors, pour me laisser doucement bercer par le manque de lui.

Puis, très rapidement, je me dis que ce jour doit être placé sous le signe de la joie, qu'il est interdit aujourd'hui d'être malheureux ou d'avoir de sombres pensées. Je lui dois que tout aille pour le mieux. Il vous aurait tant aimés, lui qui, à la fin de sa vie, s'extasiait des heures durant devant toutes les têtes blondes qui croisaient son chemin.

Les derniers temps, les balades que nous faisions lui demandaient beaucoup d'efforts, car il éprouvait de la difficulté à marcher, mais cela restait des moments magiques. Je m'étendais sur des sujets sans grand intérêt pour le distraire et lui faire oublier sa fatigue. Nous parlions de tout, des gens, du temps qu'il faisait et, dès que nous croisions un bébé, il s'arrêtait pendant de longues minutes et lui souhaitait « cent ans de vie ».

Je me souviens que parfois nous nous moquions de lui avec ma grand-mère, lui disant qu'il se répétait, ou encore que, cent ans, c'était beaucoup.

En tout cas, en me dirigeant vers l'hôpital, je me sens assez détendue, comme protégée par son étoile, au moins pour cette journée qui sera d'ailleurs fort bonne dans son ensemble.

Mes infirmières préférées sont de service aujourd'hui, et j'ai droit à un câlin de deux heures avec ma petite poupée. Tu es encore agitée, sans doute les derniers effets du sevrage de la sédation, mais je sens une amélioration. Je peux te garder sur moi et même calmer tes pleurs à deux reprises en faisant de douces papouilles sur ta ravissante nuque. Après ce merveilleux moment, tu regagnes ta couveuse où tu te détends assez rapidement. Au tour de ton frère, qui fait des bulles avec sa salive tant il en a en rab.

Mon fils, tu deviens de plus en plus craquant. Je me régale à vous regarder, à analyser vos comportements, à plonger quand vous me le permettez dans votre regard profond. Personne ne vous retirera à moi à présent. Vous êtes là, et bien là.

Je ne veux croire qu'à ça, en ce jour de fête.

26

À l'heure où j'écris ces lignes, je prie pour que, mon fils, tu régules ce souci de reflux gastrique, et qu'il ne te fatigue pas au point qu'on doive pratiquer le geste que je crains le plus : la réintubation.

Et je prie pour que, ma fille, qui étais bien calme aujourd'hui lors du câlin et qui avais une irrésistible odeur de tarte Tatin et de caramel chaud (sans doute avais-je faim), tu restes bien stable et que tu additionnes les bons points pour être la meilleure élève de toute cette petite classe de grands prémas qui loge dans les chambres voisines.

Mon Jules d'amour, ta petite main était constellée de perfusions pour t'administrer ton Dopram, car tu étais encore sujet aux apnées. Tu as passé la journée à faire des désaturations en oxygène, ce qui est la manifestation pour les médecins d'un inconfort, sûrement dû à tes reflux de lait.

Car oui, tu as énormément de reflux, comme si tu cherchais à nous dire : « Hé ho, je vous rappelle que mon estomac est encore petit pour digérer tout ça, j'ai pas demandé à être là, moi, j'aurais dû être encore dans le ventre de maman. »

J'ai tant de peine à voir ce que vous endurez, tous ces malheurs auraient pu vous être épargnés.

Ma Bella, tes progrès depuis l'opération ont été considérables et, si le sevrage de la morphine a été difficile, tu es à présent en train d'avancer à pas de géant. Marianne parle déjà de faire des essais, de te laisser une heure sans le Flow. Si tu coopérais, alors bientôt tu n'aurais plus aucune aide respiratoire. Ce serait un merveilleux cadeau. Un autre présent inestimable serait que ton frère te suive dans cette ascension vers la victoire. Je n'aurais alors plus à craindre que les infections, une éventuelle mauvaise digestion et les autres petits soucis liés à la prématurité, car le plus gros, ce monstre géant qu'est l'appareil respiratoire, serait sorti du jeu. Je jure ce soir que mes lettres seront beaucoup plus joyeuses ce jour-là.

Quand je suis partie, vous m'avez tous les deux regardée, vos deux grandes billes de plomb illuminaient votre mini bouille cachée par le masque.

Vos corps recouverts de doudous, qui de toute évidence sont d'un grand réconfort pour vous, étaient calmes et au repos. Cela offrait le premier rôle à vos grands yeux qui semblaient, en me voyant franchir la porte, demander, tout simplement : « *Pourquoi* ? »

Je ne sais pas, mes anges. Mais je me ferai pardonner, je vous le jure.

*

* *

Je suis épuisée, mes délicieux bébés, vous m'avez usée. Je suis si concentrée, pendant nos câlins, sur le Flow, les lunettes à oxygène essayées aujourd'hui, votre pouls... Drôle de programme que celui de maman de prémas. Je n'ai même plus la force de trouver les mots tant mon amour pour vous me vide, vous êtes de véritables petites pompes à énergie.

Aujourd'hui nous avons fait des câlins, deux heures chacun. Grande nouveauté, vous n'aviez que des petites lunettes à oxygène. J'ai pu vous dorloter et vous envelopper de toute mon adoration en voyant votre visage sans masque. Quel délice…

Ma fille chérie, l'équipe médicale avait présumé de tes forces, ils t'avaient carrément posée sur moi sans aucune aide respiratoire, zéro. Après quelques désaturations en oxygène très légitimes, ils t'ont mis les lunettes, mais sans oxygène, juste pour apporter un peu d'air afin que tes bronches, encore immatures, ne se touchent pas lorsque tu respires. Et tu as réussi à passer deux heures sur moi sans aucune autre assistance que celle-là. Quelle fierté !

J'ai souvent peur, lorsque les médecins décident de vous retirer petit à petit les aides, que vous fatiguiez, que vous vous épuisiez. Je redoute les tentatives.

Papa, qui ne devait pas passer aujourd'hui à cause d'un emploi du temps très chargé, n'a pas pu résister, il est arrivé juste avant qu'on te repose dans ta couveuse, ma bellita. Il a complètement craqué, il t'a vue, petite poupée, dormant, le visage dégagé, sur ta maman, sans presque plus aucun obstacle. J'ai vu une profonde joie sur son visage. Ensuite il est allé vers ta couveuse, mon Jules, il t'a parlé et fait quelques papouilles.

Il vous aime déjà tant.

27

« Vous verrez, en néonat, c'est un pas en avant, deux en arrière, c'est un parcours long et difficile, mais on y arrive toujours. » Merci pour le « on y arrive toujours », ces paroles furent extrêmement réconfortantes, cependant étaient-elles vraies ?

Nous avons privilégié l'espoir, nous vivons, depuis quelques jours, avec la folle assurance que tout va pour le mieux, que nous n'aurons plus que des petits désagréments qui, même s'ils nous retarderont un peu, seront sans conséquences. Nous avons volontairement minimisé tous les risques avec la conviction que le plus gros était derrière nous. Je me rends compte aujourd'hui qu'il n'en est rien, et que, même si chaque jour vous prenez du poids et que vos poumons maturent, il reste de nombreuses batailles à gagner avant de « descendre en pédiatrie », comme ils disent.

« *Descendre en pédiatrie.* » Ces mots me font rêver.

La pédiatrie est le passage d'ultime surveillance avant la maison, la dernière ligne droite. Pour accéder à ce service, il faut respirer tout seul. Rien que ça. Ce n'est pas une mince affaire, c'est même votre problème majeur, la respiration, à vous, petits grands prémas.

Je passe la journée les yeux rivés sur les écrans de contrôle. Pouls. Oxygène. Oxygène. Pouls. C'est déconcertant et épuisant moralement. Il y a deux jours vous étiez stables, et aujourd'hui, rien ne va plus. Surtout pour toi, ma bellita. Tu nous as montré tant de force depuis ton opération que tous, infirmières, pédiatres et nous-mêmes, attendions tes exploits. Le fait qu'hier tu aies passé plus de deux heures sans Flow, avec pour seule aide ces lunettes pas même fixées dans tes délicates narines, t'a de toute évidence épuisée. Tu as toujours une fréquence cardiaque très élevée ; dès que tu t'agites (ce qui n'est pas rare), tu montes très haut, ce qui me terrorise, je crains un accident cérébral, un infarctus.

Je passe cette journée à me battre à vos côtés contre ce manque d'oxygène, ces pouls instables, et je me sens démunie.

La présence d'une nouvelle infirmière pour le week-end ne m'aide pas, car elle ne vous connaît pas, et j'ai l'impression d'être seule à gérer tout ça, de ne pas être épaulée. L'ordinateur se met en alerte rouge à partir d'un certain chiffre de désaturation et de bradycardie. Mais toute la période intermédiaire, lorsque l'ordinateur est en orange et qu'il ne sonne pas, existe pourtant.

Je ne veux pas me faire détester par tout le monde en allant alerter quelqu'un dès qu'il y a une amorce de désaturation. Je n'ai donc plus qu'à vous regarder souffrir et à attendre que votre bêtise soit assez conséquente pour prévenir l'infirmière. Le pire est de vivre tout cela lors du peau à peau.

Ce câlin, bénéfique et réconfortant pour vous comme pour moi, a pour faille de m'immobiliser complètement, car vous êtes reliés à tout un tas de fils et, lorsque je vous ai sur moi, je suis dans l'impossibilité de bouger. Il est ainsi arrivé que je doive te regarder de loin, ma fille, gesticuler, perdre en oxygène, mais pas suffisamment pour qu'on vienne à ton secours, que ta fréquence cardiaque monte très haut sans que je puisse te venir en aide. Je suis alors partagée entre l'immense bonheur d'avoir ton frère dans les bras et le supplice de te voir en souffrance.

À demain mes amours

C'est si compliqué de vous faire un câlin, mes bébés chéris, tandis qu'une multitude d'alarmes se mettent en marche.

Profiter de vous, mes petits bouts de chou, dans cet environnement sonore et médicalisé devient de plus en plus pénible.

28

Cette période transitoire se révèle être très difficile, car il faut gérer les faiblesses de votre grande prématurité, mais il faut aussi à présent gérer vos envies, vos besoins, vos inconforts. Vous n'êtes plus uniquement deux petits êtres amorphes, maintenus en vie dans l'obscurité d'une couveuse surchauffée. Vous devenez des bébés, des petits bébés qu'il est difficile de quitter le soir, des petits bébés attachants au possible, qui commencent à me manquer viscéralement. Vous prenez forme, vous grossissez, mais votre respiration ne suit pas encore… Ce décalage est rageant. Avec papa, nous nous impatientons.

Mon garçon, je dois tout de même admettre qu'une surprise m'attendait ce matin en arrivant à l'hôpital. Tu avais changé d'incubateur, le nouveau était découvert. Ton poids (1,640 kilo), et le fait que tu régules très bien ta température le permettaient. Tu avais même le droit d'être vêtu à présent, je te retrouvai donc en petit body blanc. Tu étais à croquer. Tu n'étais plus enfermé, nous pouvions te toucher, te respirer, sans contraintes.

On t'en demandait beaucoup. Déjà que tu avais un sérieux problème de reflux de lait, ce qui te provoquait de l'acidité, très douloureuse au passage dans l'œsophage, on t'avait également mis depuis hier en Flow simple et non plus Advanced. De plus, à partir de 18 heures, ils t'ont supprimé le Dopram et tu as dû passer plusieurs heures en lunettes, donc sans le Flow.

On t'astreint à un véritable training de sportif de haut niveau. Tu dois franchir des étapes, muscler ta cage thoracique et apprendre rapidement à respirer tout seul. C'est ambitieux, et j'espère que tu graviras les échelons. Ils sont sans pitié : si tu restes stable plus de deux jours, ils tenteront d'aller plus loin, de te faire progresser, c'est à la fois rassurant et angoissant.

Ma Bella, tu échappes à cet exercice car tu montres trop de signes de fatigue. J'espère de tout mon cœur que tu vas avancer toi aussi, et récupérer cette nuit pour être bien en forme demain et commencer l'entraînement.

Je suis heureuse d'apprendre, en téléphonant à 20 heures que votre infirmière de nuit sera la charmante Cécile, dont les compétences sont remarquables, et la douceur, apaisante. Ce soir, pour la première fois, je suis réellement en manque de vous deux. De votre odeur, de vos cheveux de satin, de votre regard profond et interrogateur, de vos petites mains dodues… J'espère que nous avancerons sans trop d'embûches, sans infections surtout, sans réintubations. J'espère que tout ira pour le mieux, et que l'on peut raisonnablement mettre vos bêtises sur le compte d'une saine fatigue de tant d'efforts.

Je vais bientôt retrouver votre papa, qui va rentrer du travail, et je vais lui servir des pâtes un peu trop cuites et un peu trop salées. Je vais tenter de l'accueillir dans l'amour et la sérénité, mais je ne promets rien, car mes pensées et toute mon énergie sont dirigées vers vous ce soir.

P-S : La grosse vache rougeaude qui s'est autorisée à me réprimander aujourd'hui ne s'étonnera pas si, un jour d'instabilité de votre part, elle se prend une bonne claque.

29

La jeune femme qui s'occupe de vous depuis hier n'a pas le charme requis pour me séduire. Elle ne vous traite pas avec plus d'égards que ça, et je me sens perdue sans ma dose de cancanage médical avec mes « habituées » (j'appelle « mes habituées », les infirmières qui savent gérer ma personnalité anxieuse, paranoïaque, capricieuse… Je suis une pauvre mère juive morte d'inquiétude, doublée d'une princesse surgâtée par son mari, qui ne comprend pas qu'on puisse lui refuser quoi que ce soit, y compris de l'attention).

Je n'apprécie pas non plus l'ambiance de travail à la chaîne qui règne ce week-end dans le service. Les apnées, les désats, les œdèmes, les reflux de lait et tous vos autres soucis sont banalisés, traités de manière méthodique et mécanique, il n'y a ni la place ni le temps pour le cas par cas.

J'ai besoin d'être rassurée, chouchoutée, choyée, de reconnaître chaque fois des visages familiers. La situation est bien trop bancale pour que j'accepte l'inconnu et, surtout, j'ai peur que de mauvaises décisions soient prises à votre sujet.

Je passe donc un week-end éreintant, à veiller sur vous, à abîmer mes yeux sur ces deux écrans de contrôle de votre respiration inconstante. Mes oreilles sont formatées à tous les types d'alarmes à présent, les moins fortes qui annoncent un début de bradycardie, ou encore une sursaturation, et les plus fortes qui signalent une apnée ou désaturation plus sévère, qui nécessite la venue des infirmières. J'entends ces alarmes même une fois de retour à la maison. Elles me persécutent, me poursuivent jusque dans mon sommeil le plus profond.

Je me rends compte que la première chose que je regarde, en rentrant dans votre chambre le matin, ce sont les écrans ; avant même de vous regarder, vous, je scrute avec anxiété ces fichus écrans pour y lire mes chiffres préférés, 150 de cœur et 98 de SAT. Je commence à connaître par cœur le Rubik's Cube de la réanimation.

Je sais que lorsque tu désatures en oxygène, mon garçon, c'est souvent en fin de « gavage », comme ils disent, car ton estomac est plein et que tout devient douloureux. Tu es fatigué de tout ce lait, pourtant tu ne bois que 30 millilitres toutes les trois heures (toujours avec ta sonde, bien sûr, car tu ne sais pas encore déglutir). Je sais donc qu'il faut, à ce moment-là, augmenter tes apports en oxygène, et que souvent par la suite tu sursatures. Il faut donc réajuster et baisser tes apports en oxygène. C'est le yo-yo infernal de votre prématurité.

J'ai même pris la décision ce matin, quand j'ai vu que tu étais à 99 de saturation alors que ton apport était de 27 % d'oxygène – quand tu n'as pas d'apport, tu restes à 21, c'est ce qu'on appelle « sous air » –, de baisser moi-même ton apport sur la machine. Je sais, ce n'est pas très raisonnable, mais il n'y avait personne de disponible, tout le personnel était débordé par l'arrivée de neuf nouveaux bébés prématurés, et je ne voulais pas que tu restes trop longtemps en sursaturation. Je connais tout ça par cœur, je fais depuis cinq semaines un stage intensif en réanimation, et je pense être devenue une excellente infirmière.

Ce week-end est donc difficile car vous semblez fatigués, il faut en permanence jongler pour ajuster l'oxygène, et j'ai peur que cela ne cesse jamais. Dans cette période de transition, les difficultés s'accumulent pour vous. Il faut digérer ce lait qu'on ne peut encore épaissir à cause de votre trop jeune terme (trente-deux semaines aujourd'hui), et il faut supporter cet entraînement aux lunettes. C'est donc une période d'observation épuisante durant laquelle vous ne cessez de faire des allers-retours, et l'ordinateur est bien trop souvent en alerte rouge.

*
* *

Je retrouve en arrivant ce matin votre adorable kiné, Coralie. Elle est douce, apaisante, professionnelle. Ce petit morceau de femme au visage enfantin et à la queue-de-cheval d'écolière a le pouvoir de déposer un voile de sérénité et de gaieté sur cet univers menaçant dans lequel nous évoluons ensemble. C'est une sorte de petite fée rassurante, idéale pour traverser ce genre de tourmente.

Je retrouve aussi Florence, votre infirmière référente, qui jour après jour devient une amie, une confidente. Je sens toute la fierté qu'a cette femme aux cheveux de jais et aux yeux émeraude à s'occuper de vous, et sa détermination à vous rendre à nous en parfaite santé.

Je commence à maîtriser le petit rituel de vos soins, mes bébés : toutes les trois heures, il faut changer vos couches, vous passer une compresse humide sur les yeux, puis sur les lèvres afin d'ôter le trop-plein de délicieuse salive mal déglutie. Souvent à ce moment-là vous êtes très vifs, toniques, et étrangement résignés, sans doute par compassion pour mon manque de savoir-faire et mes gestes encore un peu maladroits. Je me régale donc, tout en changeant ta couche, mon Jules, à te bécoter, à m'enivrer de ton odeur. Le fait que tu ne sois plus en couveuse permet ce genre de privilèges, car tu es plus facile d'accès.

Parfois je me dis qu'il s'en faut de peu pour que je vous ramène à la maison et que je puisse passer mon temps à vous manger, vous consommer, vous engloutir. Et parfois, souvent d'ailleurs, je suis rattrapée par la réalité. Vous êtes en réanimation, vous n'êtes pas transportables. Vous êtes bel et bien dépendants de toutes ces machines. Et, pire, je ne sais pas pour combien de temps…

Aujourd'hui, pour la première fois, papa vous prend dans ses bras. Contre sa blouse bleue, une petite tête, la vôtre, à tour de rôle. Quelle jolie image que de voir l'homme qu'on aime tenir sur son torse athlétique un petit être fragile, arrivé bien trop tôt, qui n'est autre que sa fille, ou son fils. Vous êtes calés sur votre papa, comme si vous veniez chercher du réconfort et de la sécurité, comme si vous saviez que vous agrippez là le patriarche, l'homme de la maison, qui sera toujours là pour vous protéger.

Il l'est, et pourtant cela ne l'empêche pas d'être dérouté à la moindre désaturation, je vois son inquiétude mais je ne peux pas l'aider, car non seulement j'ai la même, mais en plus j'ai l'un de vous deux (l'autre) dans les bras. Nous sommes ligotés par ce câlin, et le plaisir de vous sentir sur nous est souvent dissipé par l'appréhension de vos malaises ; nous sommes fous de joie et d'angoisse.

Le plus terrible a été l'arrivée en masse de nouveaux bébés prématurés, dont deux paires de jumeaux, nés encore plus tôt que vous, à vingt-cinq semaines, ce qui fait d'eux des prématurés extrêmes. La chambre voisine abrite deux petits êtres qui, selon moi, ne pèsent pas plus de 800 grammes et que j'aperçois par la fenêtre. Ils sont en train de passer par là où vous êtes passés, la photothérapie, qui éclaire toute la pièce en bleu électrique et sert à guérir la jaunisse du nourrisson. Cela donne à la chambre des allures de cabine d'UV. Cette lumière est le signe que ces bébés sont au début de leur combat. Et j'observe cela avec une immense compassion pour ces nouveau-nés, et une profonde tristesse, car il y a cinq semaines, vous étiez à leur place.

Je n'en suis pas encore suffisamment sortie pour me sentir loin de tout cela, mais je n'y suis plus vraiment non plus, je ressens donc une réelle angoisse, celle du « milieu de parcours ». Le fait que des prémas voisins fassent à leur tour leur laborieuse entrée sur terre me donne une impression d'histoire sans fin, d'éternel recommencement. Je suis soudain enfermée pour toujours dans l'univers cauchemardesque de la réanimation néonatale.

Je vous regarde, mes deux bébés, et je ne peux m'empêcher d'avoir cette pensée impure et cruelle : « Vous avez dépassé ce stade. » Vous êtes de plus en plus éloignés de cette terrifiante période de danger aigu de tous les instants. Voir ces parents dévastés et vos voisins chétifs, intubés et perfusés, est, et je n'en suis pas fière, le meilleur antidote à mon angoisse.

Je quitte l'hôpital en même temps que votre papa, car il est en relâche le lundi, avec une impatience insupportable, avec l'envie que les aiguilles de la montre tournent à toute vitesse, pour nous emmener vers la délivrance.

*
* *

J'ai le sentiment de travailler dans ce service. À présent, en arrivant, je salue les infirmières, les internes, les médecins, je plaisante avec eux. J'éprouve une volupté saugrenue, en ce mardi pluvieux et maussade, à côtoyer ces gens, comme s'il s'agissait de collègues de travail que l'on prend plaisir à retrouver tous les matins. Je maîtrise tellement le jargon médical, les termes techniques et la pratique de la néonat qu'il m'arrive même de me prendre au jeu, d'assouvir mon désir caché d'avoir « fait médecine », et d'oublier, pendant quelques instants, en plein débat sur le masque binarinaire et ses bienfaits, que l'on parle de vous, mes anges.

J'ai, je dois l'avouer, de moins en moins d'appréhensions en arrivant à l'hôpital, et même si la période est pénible à cause des instabilités respiratoires, de vos reflux de lait et autres soucis, elle est beaucoup moins dangereuse. Je sais à présent que nous avons passé le plus dur. Il faut attendre, attendre qu'on puisse épaissir votre lait pour faciliter la digestion et limiter les reflux (à trente-quatre semaines), attendre que les semaines passent pour que vos poumons maturent. Attendre que vous n'ayez plus du tout besoin d'oxygène, attendre que vous ne soyez plus qu'en lunettes et dire adieu à jamais au Flow. Mais dans l'ensemble j'ai bon espoir. Je commence même, luxe suprême, à m'inquiéter pour les étapes suivantes, la pédiatrie, puis la maison.

Les infirmières me disent, avec une indéniable délectation, qu'elles vont me manquer. J'en suis convaincue, car un des bons côtés de cette abominable et longue hospitalisation, c'est votre prise en charge, mes trésors. Je me suis habituée à appeler régulièrement pour savoir si vous allez bien, à ce qu'on s'occupe de vous, qu'on vous change, qu'on vous bichonne, que tout soit pris en main, à être rassurée par la régularité et l'équilibre que ce triste événement vous apporte. C'est ma faculté d'adaptation et mon caractère résolument positif qui parlent.

Je suis du côté de la vie, du côté de la joie, du plaisir… Je veux penser comme ça, je veux vivre dans l'illusion que ce n'est pas si grave, que c'est commun, que vous êtes gardés par de gentilles infirmières avant de rentrer à la maison. Ce n'est pas tout à fait exact, car j'omets pour l'heure votre grande prématurité, et tous les tracas qu'elle engendre encore. Mais cela me rassure, et mon instinct de survie très prononcé me pousse chaque jour un peu plus à apercevoir le soleil.

30

Maman est stupide, hystérique, immature, scandaleuse, injuste, lunatique et rancunière. Maman reproche à papa de lui avoir menti, elle se sent trahie et, pourtant, elle en a déjà fait autant. Maman est de mauvaise foi, dénuée de scrupule, maman a péché par orgueil aujourd'hui, en torturant papa pour qu'il avoue des faits qu'il n'a sans doute pas commis. Maman vous a délaissés pour aller se battre avec papa, comme une lionne enragée.

La bonne nouvelle, c'est que maman est jalouse, comme une tigresse, parce qu'elle aime papa à la folie, et pour la vie. Maman espère qu'elle et papa ne vous infligeront jamais ce genre de scènes de ménage violentes et traumatisantes que seuls les couples fougueux et égocentriques maîtrisent si bien. Maman s'excuse et se rattrapera demain, si elle sort de sa crise de paranoïa aiguë lui faisant voir papa comme le dernier des monstres, infidèle et menteur.

Il paraît que les hommes sont lâches, fourbes, et volages, et que les femmes sont autoritaires, castratrices et possessives. Je pense qu'il est tout simplement difficile, quand on aime quelqu'un, de ne pas maîtriser totalement sa vie, ses pensées, ainsi que ses désirs les plus intimes.

En tout cas, mes enfants, vous êtes encore bien loin de toutes ces épithètes. Votre combat à vous, c'est la vie, et vous le menez avec vaillance et héroïsme. Vous êtes mes deux petits guerriers, et je sais que vous gagnerez cette guerre. Je ne vous l'ai peut-être pas encore bien formulé, mais je suis fière, si fière de vous.

Cette dispute m'a épuisée. Je suis usée par la tristesse qui m'a accompagnée ces derniers jours, et par ces affreux doutes que j'ai eus sur papa. Cela semble tellement puéril et dérisoire à côté de ce que vous endurez, je me demande comment je peux encore faire cas de ce genre de sottises après être passée par ces épreuves abominables. J'ai honte, mes bébés.

C'est bien la preuve que votre papa, au bout de huit ans de vie commune, m'intéresse encore au plus haut point. Si j'étais lui, je serais flatté, je m'enorgueillirais d'avoir une femme jalouse et possessive. Je me dirais qu'elle a l'extravagance de m'aimer encore. J'ai le regret de vous annoncer, monsieur Beigbeder, que, non, l'amour ne dure pas trois ans. Ou alors si, je peux vous le concéder, mais uniquement si vous avouez que la possession et l'exclusivisme perdurent, eux. Il est à moi depuis huit ans, et, chères lectrices – même si certaines diront que je peux me le garder, mon Bigard –, il est à moi pour la vie.

Bref, mes anges, je suis usée par ces ascenseurs émotifs, ce regain d'amour, puis de haine, ces tout nouveaux doutes sur votre papa. D'ailleurs il l'est aussi, usé… et de surcroît nous sommes fiévreux, grippés, anémiés, nos cordes vocales trop sollicitées pendant ces drames sont à bout de forces. Nous allons rentrer, lui pour jouer, sûrement difficilement, et moi pour écrire ces lignes. Et demain, je vous jure que je serai sur pied, en pleine forme, qu'il pleuve ou qu'il vente, pour vous chérir et veiller sur vous.

Aujourd'hui vous étiez comme hier, un peu instables et demandeurs d'oxygène, mais surtout en fin de seringue de lait. Cependant, dans l'ensemble, rien de grave, nous aimerions tous, les médecins, papa et moi, vous sevrer du Flow et que vous ne soyez plus qu'en lunettes, mais il ne faut pas omettre que vous êtes encore petits, et que vous seriez à l'abri de ce genre de souci si vous barbotiez encore sereinement dans le liquide amniotique du ventre de maman.

31

Les fêtes de Noël approchent et je m'en fous royalement.

Je n'ai pas de plaisir à organiser un dîner de réveillon, à offrir des cadeaux à ma famille, à préparer une dinde. Mais je le ferai tout de même, car l'inverse serait encore plus déprimant. La dinde sera *made in* Picard. Pour les cadeaux, je m'y prendrai à la dernière minute, ils seront coûteux et massifs, et ça fera l'affaire. La seule raison pour laquelle j'attends Noël, c'est que vous serez encore plus grands, mes petits. En néonat, chaque jour est une victoire.

Après-demain débutera « votre » trente-troisième semaine d'aménorrhée, comme comptent les médecins[1]. Quand je pense que

1. Les très grands prématurés naissent avant vingt-huit semaines d'aménorrhée contre 41 pour les bébés à terme.

vous êtes nés à vingt-sept semaines et un jour. Je n'en reviens pas, je vais de dimanche en dimanche avec une exquise satisfaction. Chaque semaine sans infection, sans problème grave, sans régression trop inquiétante est une bataille de gagnée.

Demain, comme tous les samedis, j'irai boire un verre de rouge avec ma petite sœur. Ce rituel me rassure, m'égaie, me rappelle ma liberté d'antan. J'ai hâte de m'octroyer ce bref moment d'inconscience où nous laisserons nos esprits libertaires transgresser toutes les règles de la morale et de la sagesse.

En attendant, en arrivant à l'hôpital aujourd'hui, nous vous découvrons, nos deux petits amours, comme si c'était la première fois que nous vous voyions. Vous êtes à présent tous les deux dans un lit ouvert, fini les couveuses hermétiques et surchauffées. Nous pouvons vous vêtir de microscopiques bodys taille 46 centimètres (les plus petits sur le marché), les effluves de votre odeur de pain d'épice et de caramel arrivent jusqu'à nous pour notre plus grand plaisir. Vous êtes tous deux en Flow à notre arrivée. Toi, mon Jules, tu as passé une bonne nuit, pratiquement sous air, toi, ma bellita, tu as été un peu plus labile (terme médical pour dire instable). Nous sommes seuls avec vous, les effectifs sont réduits durant l'heure du déjeuner. Florence, votre infirmière, est de ce fait absente pour une heure.

Soudain, nous vivons un moment effrayant. Mon Jules, mon bébé Jules, mon petit prince, tu arrives en fin de seringue de lait et, certainement à cause de la douleur qu'engendrent encore tes reflux gastriques, tu fais une désaturation en oxygène tout à fait effroyable. Ce chiffre, qui doit être compris entre 90 et 100, descend à 50, puis 40, puis 20, puis, comble de l'horreur, à 2 ! L'interne, seule personne présente à ce moment-là, met cinq minutes à arriver, une éternité pour un service de réanimation. Lorsque l'ordinateur vire au rouge, que l'alarme s'enclenche, une infirmière est supposée arriver dans les secondes qui suivent, pour vous aider à sortir de vos malaises respiratoires. Là, j'ai le temps de trafiquer moi-même le régulateur d'oxygène pour essayer de t'aider. Nous avons le temps de paniquer, d'imaginer le pire.

Cette interne ne semble pas plus confuse que ça. Elle n'avait pas vu l'alarme de l'ordinateur virer au rouge car elle terminait ses prescriptions. Elle nous signale au passage qu'en s'absentant elle prend aussi le risque de faire de mauvaises prescriptions. Sur le coup, nous avons bien envie de lui balancer : « Mais espèce de connasse, où est l'urgence, la rédaction d'une prescription ou un bébé qui est tout simplement en train de s'asphyxier ? » C'est à peu près ce que nous lui faisons remarquer d'ailleurs, l'injure en moins.

Cet événement nous laissera assez perplexes quant au bon fonctionnement du service durant l'heure du déjeuner. Nous garderons également toujours en tête que des accidents de la sorte peuvent se reproduire en l'absence de vos infirmières attitrées. C'est la raison pour laquelle j'essaierai d'être systématiquement présente à ce moment-là, tous les jours.

Après le départ de papa, le reste de la journée se déroule relativement bien. Vous êtes tous deux en lunettes, je te prends dans mes bras, mon garçon, et cela m'enlève, immédiatement, toutes mes inquiétudes et ma rancœur. Tu as le pouvoir de me réconcilier avec la vie. Vous avez ce pouvoir, tous les deux. Voilà une journée de plus de gagnée.

*

* *

Je prends finalement un certain plaisir à faire les courses de Noël en compagnie de ma sœur. La journée avait pourtant mal débuté, car j'étais envahie par une profonde angoisse. Un sentiment de ne plus rien maîtriser, comme si cet événement s'étirait dans le temps, comme si vous alliez rester à jamais dans cet hôpital.

En arrivant dans votre chambre, la magie opère, je retrouve mon équipe, Florence, Céline et Coralie. Elles sont là, toutes trois, agréables, souriantes, elles portent sur leurs visages la gaieté de l'espoir. Cela me sort immédiatement de ma déprime. Elles savent me parler de vous et me dresser un tableau positif et, tel le célèbre corbeau flatté, je me laisse aller à écouter ces beaux discours et à me dissoudre dans leurs mots.

Tout va mieux à présent, je suis, à l'inverse de Frédéric Lopez, en terre très connue. On me dit ce que j'ai envie d'entendre. Les filles sont extrêmement satisfaites de vos progrès. Vous avez passé neuf heures en lunettes la veille, et vous allez en passer douze aujourd'hui. Vous allez de mieux en mieux, vous avez franchi le cap le plus difficile, nous parlons même pédiatrie.

Florence m'annonce alors que Céline et elle resteront vos infirmières référentes en pédiatrie, si vous n'êtes pas transférés dans un autre hôpital ; elles ne me lâcheront pas comme ça. C'est avec elles que j'apprendrai à vous donner le bain, à vous habiller, à vous changer, tout cela sans fils, sans perfusions, sans embûches. Mis à part la sonde gastrique que vous garderez probablement jusqu'au dernier moment.

Nous passons une excellente soirée en compagnie de ma sœur et d'un couple d'amis. Après le dîner, forcément raté puisque préparé par votre maman, nous avons un élan de liberté, une envie de boire, de danser, de rire, de tout oublier, de faire comme si tout allait bien, comme si vous étiez totalement tirés d'affaire et que vous nous attendiez sagement à la maison. Nous sortons donc dans notre bar fétiche, L'Atelier, qui est d'ailleurs bien plus qu'un bar ; il a été le témoin de mes peines et de mes joies, de mes turpitudes comme de ma chasteté. L'Atelier est mon cocon, une maman tolérante et accueillante, chez qui rien ne peut jamais m'arriver.

Je rentre épuisée mais satisfaite de cet échantillon de débauche, qui me redonne le goût de la fête, que je n'ai peut-être finalement jamais vraiment perdu. Dans notre étroit ascenseur parisien, à 3 h 30 du matin, mes pensées sont soudainement sombres et l'angoisse me rattrape. Et s'il s'était passé quelque chose pendant que je sirotais mon mojito *in love* ? Et si vous aviez eu un souci lorsque je dansais sensuellement sur la version créole du dernier tube de Matt Houston ? Je prends frénétiquement mon serviable et non moins imprévisible BlackBerry, et clique sur cette icône tant usitée : COCHIN.

– Bonsoir, c'est la maman de Jules et Bella, je voulais juste prendre des petites nouvelles. Ils vont bien ?

La réponse est positive. Le sommeil me gagne au fur et à mesure que la culpabilité me quitte.

*
* *

Aujourd'hui est un jour magique. Florence et Coralie, comment ne pas parler de vous chaque fois, dans chaque lettre ?

Vous vous apprêtez à m'abandonner une semaine entière. Comment vais-je faire ? Je suis perdue sans vous : à qui vais-je me confier ? Auprès de qui vais-je trouver du réconfort ? Vous seules savez me convaincre, non sans une certaine prise de risque, que tout ira pour le mieux. J'ai besoin d'entendre ces mots réconfortants, vous êtes ma morphine à moi.

Mais même cette nouvelle ne pourrait entacher cette journée. Mon Jules, ma Bella, vous passez de plus en plus de temps en lunettes, douze heures sont encore prévues aujourd'hui, et vous réussissez avec succès cette nouvelle étape.

Nous faisons un câlin, qui se déroule relativement bien, mis à part quelques petites désaturations peu inquiétantes, et deux ou trois bradycardies que vous parvenez à juguler tout seuls. Papa te prend, toi, mon Jules chéri, et moi, je te prends, toi ma fille. Tout cela avec le maximum de sérénité possible, étant donné les circonstances. C'est une belle journée, qui s'achève sur des rires avec Florence, car papa a plus de latitude pour faire ce qu'il sait faire de mieux : le clown.

L'angoisse fait délicatement place à l'allègement, et l'ivresse d'avoir laissé derrière nous ce parcours si chaotique nous met dans un état d'euphorie que seuls les gens qui reviennent de loin peuvent comprendre.

L'ennui, c'est que nous voulons un peu trop tôt accéder au glorieux titre de rescapés, alors que pour l'instant, même si la foudre a cessé, nous sommes encore dans la tempête.

*
* *

Aujourd'hui, rien ne va plus. Je me retrouve à nouveau confrontée à l'humour indigeste et au manque de charisme de cette exaspérante infirmière. Elle n'est pourtant pas méchante, mais, je n'y peux rien, c'est physique. Je ne sais pas si vous ressentez ma nervosité, mes enfants, mais vous avez passé la journée à faire des désaturations d'oxygène. Plus elle me propose des choses absurdes comme vous donner un bain, faire moi-même la pesée, enfin, des choses que personne d'autre ne m'a encore jamais proposées, plus votre état est labile. La distance entre la *cool attitude* de cette petite boulotte et votre instabilité m'irrite au plus haut point.

Je voudrais qu'elle se taise et qu'elle se concentre sur votre santé. Son côté peu alarmiste n'est pas rassurant, car il peut facilement passer pour de la négligence. Je vous vois, mes petits chats, un peu affaiblis, et cet écran de contrôle, le fameux « scope », ne m'aide pas car, en le fixant, je guette les moindres ralentissements de vos petits cœurs et désaturations. Cela m'épuise moralement.

C'est une période exténuante, vous arrivez dans quelques jours à la fin de votre trente-troisième semaine, et tout concourt à favoriser votre instabilité. Vous souffrez tous deux de ce reflux de lait. Pour toi, mon Jules, il est de moins en moins symptomatique, car traité depuis trois jours par de l'Inexium – qui au passage n'est pas sans effets indésirables pour des prémas, mais bon... Vous apprenez, avec persévérance, à respirer de plus en plus en lunettes, ce qui à mon sens va parfois un peu vite.

Vous devez donc tout intégrer en même temps : réguler votre température, digérer ce lait, le supporter sans faire de reflux, respirer sans le Flow. On vous en demande toujours davantage, et j'ai parfois envie d'arrêter les médecins dans leur élan pour vous laisser plus de temps pour faire ce travail. J'ai peur que l'on vous épuise au risque que vous fassiez un retour en arrière.

Bientôt, dès que vous aurez bien progressé sur le plan respiratoire, vous passerez à l'apprentissage de la déglutition, vous apprendrez à bien téter et à avaler ce lait. Tout cela vous fatiguera, ce qui augmentera vos besoins en oxygène. Sans compter que je crains énormément les « fausses routes », les malaises qui peuvent survenir au début de cette alimentation prématurée.

Sortis de la phase critique où le pronostic vital était engagé, nous attaquons à présent une phase interminable à mes yeux, celle où l'on coordonne l'alimentation, la digestion et la respiration. Vous êtes deux petits chiots qui ont encore tout à apprendre.

En ce jour de réveillon de Noël, je préfère partir et vous laisser, car moi qui suis de nature plutôt diplomate, je n'arrive pas à garder mon sang-froid, plus à cause de votre fatigue du jour qu'à cause de cette fameuse infirmière. Elle n'a certainement pas l'intention de nuire, j'en suis convaincue, mais elle nuit à ma sérénité. Elle me fait penser à ces filles « pots de colle » au lycée, qui veulent coûte que coûte devenir votre meilleure amie et vous sollicitent pour un rien alors qu'elles vous sortent par les yeux.

J'ai bien fait de partir pour retrouver ma sœur et notre cher Husky qui a, au sens propre, coiffé la casquette du chauffeur pour notre plus grand plaisir. Nous faisons les dernières courses, dans la joie et la bonne humeur – de jolis couverts pour la table de Noël, des bougies, quelques ultimes décorations, et du foie gras, en bons Parisiens à la bourre. Et j'avoue (je sais, je me contredis souvent), ce fut très agréable. Les préparatifs de ce réveillon aux allures branchées et anticonventionnelles ont été drôles car, ma sœur et moi, aussi douées pour la cuisine l'une que l'autre, avons laissé Husky suer pour faire tenir tant bien que mal tous les plats dans le four.

Au final, c'est une orgie de foie gras, une dinde crue, de jolis cadeaux, une famille unie qui se détend autour de quelques canulars… C'est un Noël loin de vous, mais à la fois si près.

Vous êtes notre plus beau cadeau et, même si l'infirmière du soir me dresse un tableau assez sombre, car ma Bella, tu es jusqu'à 4 heures du matin très fatiguée, nous savons au plus profond de notre cœur que vous êtes les plus beaux trésors de l'univers et que bientôt, très bientôt, vous serez auprès de nous.

32

C'est une belle journée, c'est votre premier Noël. Vous ne percevez pas vraiment les attraits de cette fête, car la vie pour vous se résume encore à lutter en permanence, pour tout, et à tenter d'être le moins mal possible. Mais être à vos côtés, c'est la plus belle des fêtes pour nous. Pour ma part, j'attends le 1er janvier, persuadée que cette nouvelle année chassera pour de bon les soucis de 2012. Quand j'y pense, c'est l'année où mon grand-père adoré est mort, et c'est l'année de votre naissance, cette naissance précoce et choquante, cette naissance que j'ai tant peiné à repousser.

Mon col de l'utérus a été l'huissier le plus impitoyable que j'aie jamais rencontré (et Dieu sait si j'en ai croisé et injurié lors de mes maintes expulsions). Il a été intraitable. Pas de trêve hivernale, pas d'arrangement à l'amiable. Il vous a chassés de ce logement étroit mais chaleureux, sans que vous puissiez faire appel. Le 11 novembre, vous avez dû quitter, et ce en sept heures à peine, ce nid douillet pour emménager dans une boîte transparente, sinistre logement social qui avait au moins l'avantage d'être chauffé. Comme la vie peut être cruelle parfois, et bousculer sans égard des petits êtres dépourvus de défenses.

Vous avez démarré votre existence dans la douleur, et ça, personne ne pourra jamais l'effacer.

Je dois rester joyeuse, c'est Noël… Mais après tout je m'en fous. Je suis juive, alors pourquoi je me laisserais embarquer par ce jour de fête catholique ? Eh bien, parce que c'est comme ça, parce que je l'ai toujours fêté. Parce que l'année dernière, à la même heure, je gavais mon grand-père de caviar acheté au prix fort chez Kaspia, et je me délectais à le regarder se régaler comme un enfant. Je voulais que ce Noël soit parfait, car je sentais que ce serait le dernier.

Mais revenons à aujourd'hui. Papa est là en ce jour de Noël, et il me rassure. Il fait partie de ces hommes insaisissables qui, lorsqu'ils vous honorent de leur présence, vous font un vrai cadeau. Je vois à sa manière de vous regarder, de vous parler qu'il va se surprendre à vous aimer comme il n'a jamais aimé personne. Car papa n'était pas un sentimental quand je l'ai rencontré, c'était plutôt un animal sauvage dont l'ego surdimensionné et le besoin maladif de se sentir libre l'empêchaient d'aimer qui que ce soit.

Je peux le dire, j'ai changé votre père, je lui ai appris qu'on peut vivre en couple sans pour autant sombrer dans une routine sordide. Qu'on peut aimer la même femme et avoir envie de s'endormir avec elle toutes les nuits, qu'on peut faire de cette même personne sa meilleure amie et son plus grand fantasme, et ce, pendant longtemps.

J'ai la prétention aujourd'hui d'avoir été sa révélation. Et même si nos disputes sont vives et musclées, elles sont le symbole de notre amour, aussi vrai que dérangeant, aussi envié qu'intact.

Tout ça pour vous dire, mes beaux bébés, que vous allez arriver dans un foyer heureux, où des parents sont unis et s'aiment pour de vrai. Avec un papa râleur et coléreux mais authentique, avec une maman nerveuse et autoritaire mais entière.

Nous allons vous choyer, vous gâter, vous élever dans des palaces cinq étoiles, vous mangerez des viennoiseries faites maison au petit déjeuner avec de la confiture de myrtilles (et pas une autre), vous deviendrez pourris gâtés. Vous serez beaux et jalousés par tous, et vous aurez l'audace d'être brillants en classe.

Adolescents, vous deviendrez des petits merdeux pleins aux as. Jules, tu ramèneras des top models brésiliens sur lesquels ton père louchera, et Bella, des acteurs hollywoodiens te feront la cour en t'emmenant dîner au Fouquet's. Vous roulerez en Lexus et en Mini Cooper, que vous conduirez en état d'ébriété avec un permis acheté à votre dealer de shit. Vous serez des intellectuels de gauche et parfois même de droite, au sex-appeal dévastateur et à la repartie agaçante. Vous serez parfois impolis, souvent injustes, vous briserez des cœurs et rentrerez trop tard.

Et je vous aimerai encore, parce que moi seule saurai par où vous êtes passés.

P-S : En ce qui concerne la confiture, vous exagérez franchement.

33

La première fois que nous avons rencontré le professeur à la tête de la néonatalité, vous aviez deux semaines de vie. Et nous, deux semaines de survie, durant lesquelles nous oscillions entre cauchemar et réalité. Nous avons donc demandé s'il était possible de rencontrer le chef de service en personne, pour faire le point. Nous voulions être rassurés : n'avions-nous pas le droit de parler à Dieu plutôt qu'à Ses saints ?

Nous avons vite cerné le personnage. Sa réputation l'avait précédé. C'était un intellectuel dans toute sa splendeur, un génie de la grande prématurité, qui écoutait Beethoven et lisait *Télérama*. Il était dépourvu de téléviseur, et dédaignait le star-système. Il ne devait pas savoir qui était Michael Jackson, alors imaginez, Jean-Marie Bigard.

Nous étions debout, à l'entrée de votre chambre, réduits à attendre le verdict de cet ancien interne jouissant pleinement de ses nouveaux pouvoirs. Allait-il trouver cinq minutes dans son éreintante journée pour nous recevoir au moins une fois ?

Nous avons abandonné, pour le bon déroulement de cet entretien, tout ce que nous avions de suffisant, d'arrogant, de superbe. Papa a volontairement laissé de côté ce qui faisait de lui un être extraordinaire, pour devenir un homme peu charismatique, que la crainte de perdre ses enfants rendait insignifiant et sans relief. Pour ma part, j'ai aussi mis de côté ce que j'étais, une séductrice acharnée qui pensait qu'elle pouvait obtenir la lune juste en offrant à son interlocuteur un regard châtaigne et racoleur.

Notre situation et notre position avaient fait de nous des êtres amorphes, laids. De cette laideur propre aux gens soucieux.

Le professeur, nous voyant ainsi faibles et dévastés, si pleins d'humilité, parvint à nous recevoir avec le minimum d'humanité requis pour s'adresser à des parents de très grands prématurés.

Tout d'abord, les sourcils froncés, nous scrutant à tour de rôle, papa, moi et votre classeur, il a lancé sur un ton interrogateur et non sans un certain dédain :

– Alors, vous êtes comédiens, c'est ça ?

(Non, on est facteur, connard.)

Je sais, l'humour de mon mari a peu à peu déteint sur moi.

Ce rendez-vous fut bref. Il nous avait exposé la situation. Pour des bébés nés à vingt-sept semaines, vous alliez bien. Vos poumons étaient corrects, et le développement de votre cerveau, normal, pour l'instant. Il ne pouvait pas nous garantir quoi que ce soit. Il nous conseilla de vivre au jour le jour, car il était impossible, dans votre situation, de se projeter. Vous suiviez le parcours long et périlleux des grands prématurés.

Il termina cet entretien par une phrase étrange, inappropriée :

– Vous savez, vos enfants seront transférés dès qu'ils pourront se passer du Flow. En somme, dès qu'ils seront transportables.

Ah bon ? Nous ne nous étions pas attardés plus que cela sur ce sujet, vous étiez encore si loin d'en être là.

Mais aujourd'hui, tout a changé. Vous êtes à présent pratiquement constamment en lunettes, vous devriez donc être sevrés du Flow d'ici un ou deux jours. Je suis aux anges, nous sommes aux anges avec papa. Toutefois, cette petite victoire à mi-chemin entre l'horreur et la délivrance entraîne également à nouveau la question de votre transfert. Il faudrait donc vous transporter dans un autre hôpital, malgré votre fragilité, vos à peine 1,6 kilo et 1,8 kilo, et tout recommencer. S'assurer que vos prescriptions sont bien suivies, que votre cas est bien traité, risquer d'être mal accueillis et que vous soyez mal soignés. *Pas question.*

Mais le Gargamel de l'hôpital demande à nous voir. Nous savons déjà qu'il revient à la charge. Pour quelles raisons seriez-vous transférés alors que nous habitons à cinq minutes de Cochin ? C'est absurde. Il serait question de libérer des places… Nous l'attendons sereins mais déterminés.

Nous ne partirons de Cochin que pour vous ramener à la maison. Fin de la discussion. Nous descendrons en pédiatrie, comme les autres.

J'ai suffisamment été ballottée dans ma vie. J'ai trop souffert d'avoir été si souvent à la rue avec ma mère et ma sœur, d'avoir tant de fois changé d'école et de logement, car même si ma famille m'adorait, celle-ci était instable, désordonnée, sans organisation aucune. Je rêve de stabilité pour vous, et ça commence maintenant.

Hors de question de vous ballotter à votre tour, de vous transférer ailleurs, je m'accrocherai aux murs s'il le faut. Papa et moi, avec la fermeté et l'obstination qui nous caractérisent lorsqu'on nous contrarie, nous opposons net à cette décision. Avec calme, classe, et, surtout, avec de bons arguments. La petite racaille qui sommeille en moi finit quand même par lancer un : « Appelez les flics si vous voulez, nous, on reste. »

Je crois que nous avons été convaincants. Nous regagnons votre chambre et, en vous voyant encore instables et encore si petits, nous sommes fiers. Fiers d'être vos parents, des parents qui ne lâchent rien. Plutôt crever que de vous laisser encore infliger quoi que ce soit que nous pourrions vous éviter.

Vous méritez la paix.

34

Ça y est, c'est le grand jour. Vous descendez en pédiatrie !

Je n'en reviens pas, je suis si heureuse. La journée est riche en émotions, vous êtes suffisamment stables, vous quittez votre première demeure, vous déménagez. On installe vos incubateurs ailleurs, à un autre étage, un étage plus bas où tout semble soudain moins grave : l'étage magique et tant attendu de la pédiatrie.

Mon bébé Jules, les loyers étant trop chers sur notre prestigieuse capitale, tu emménages avec des colocataires, Louisa et Grégoire. Deux petits guerriers qui, au même moment que vous, ont lutté pour survivre. Tout comme vous, ils sont nés à vingt-sept semaines et un jour, tout comme vous, ils sont Scorpion, et tout comme vous, ils sont arrivés sur terre par la mauvaise porte. Vous

vous êtes bien trouvés. Tout comme leur maman et moi nous sommes trouvées. Cette belle trentenaire d'origine arménienne au caractère bien trempé, que j'admire pour sa force et son courage, est devenue une amie, forcément.

Ma Bella, tu as ta chambre à toi, il ne te manque plus qu'un écran plat et du pop-corn. Vous êtes à nouveau séparés, mais cette fois je n'ai pas le cœur serré car je sais que tout ira bien et que ce n'est que temporaire.

Je suis pleine d'espoir et de joie, mais je me surprends à être un peu nostalgique. Cela me fait bizarre de décoller les photos des murs de votre chambre et je m'empresserai de les placer dans vos nouveaux palais.

Je quitte les infirmières de la réa avec un pincement au cœur et leurs numéros de portable. Comment pourrait-il en être autrement ? Nous avons vécu tellement de choses ensemble. Je quitte la réanimation avec cette étrange tristesse que l'on ressent lorsqu'on abandonne un endroit qui a abrité la douleur et le désarroi, comme un prisonnier qui regrette sa cellule et craint l'avenir.

C'est un syndrome étrange et paradoxal que celui d'avoir presque envie que ça dure encore quand on commence à sortir la tête de l'eau.

Une fois qu'on a vécu l'enfer, on a presque envie de dire : « C'est tout ? C'est fini ? J'avais assez de forces pour continuer encore. »

Je quitte votre première demeure, celle qui a abrité toutes vos souffrances, toutes mes frayeurs, toutes mes larmes… Je tourne une page et je me sens libérée mais confuse. Meurtrie par ces épreuves. C'est l'un des plus beaux jours de ma vie.

*
* *

Le coup de fil du soir a bien changé : les infirmières ont des intonations moins graves, elles n'ont plus la compassion qu'elles avaient pour nous en réa – Céline et Florence n'ont finalement pas pu vous suivre. Ici, votre pronostic vital n'est plus engagé. C'est presque comme une colonie de vacances, ou comme appeler une baby-sitter et lui demander si les enfants vont bien. C'est absurde comme, d'un étage à un autre, d'une heure à l'autre, les choses semblent avoir perdu toute leur gravité. Pourvu que ça dure…

Jules, tu as bu un biberon chaud de 30 millilitres ce soir, comme un vrai bébé. Ça y est, la vie va commencer à vous offrir, tout doucement, quelques satisfactions. Jusqu'à présent, vous n'avez connu que la douleur, le mal-être. Vous allez désormais goûter aux plaisirs de la faim, du bon lait chaud qui excite les papilles.

Ce matin, je me sens légère et ravie. Vous êtes en pédiatrie, je n'en reviens pas. Cependant, j'ose à peine téléphoner car j'ai peur de déranger. Les infirmières ici sont en charge de cinq bébés, contre deux en réanimation. Tant pis, vous êtes sauvés, vous êtes en pédiatrie, c'est tout ce qui compte. Je me dirige donc vers l'hôpital, sereine et confiante, sans avoir passé ce fameux coup de fil matinal. C'est une grande première.

À mon arrivée je suis un peu perdue, les couloirs sont plus grands, les infirmières, plus âgées, moins glamour. On ne me parle pas, on ne m'accueille pas. Je suis livrée à moi-même, je dois m'occuper de vous, comme une grande. On me fait comprendre que je dois devenir indépendante pendant les soins, que dorénavant je devrai être autonome. C'est à ce moment-là que je me rends compte à quel point les filles de la réa me choyaient, me bichonnaient, s'employaient à m'épargner toute inquiétude, tout tracas. Vous étiez pris en charge entièrement. Vos gémissements obtenaient tout de suite une réponse. On venait vous voir, on vous écoutait.

Je réalise que la définition du mot « pédiatrie » pourrait se résumer à ceci : « Allez, vas-y, ma belle, assume, à toi les coliques de nourrissons aux intestins dérangés, les fesses irritées, les reflux de lait, et tout ça avec des petits cadeaux supplémentaires, des lunettes à oxygène, des capteurs de saturation à débrancher et rebrancher à chaque change, des fils rouges, verts et jaunes pour contrôler les battements de cœur, à remettre dans les bons trous et à placer au bon endroit du microscopique body, entre deux pressions. »

Plus de complainte possible, plus question de repousser l'échéance. Ici je dois agir, vous surveiller, vous maintenir propres et interpréter vos pleurs. Je suis une maman normale, avec des bébés normaux.

Pourtant, il y a vingt-quatre heures, vous étiez encore à l'étage où les plus grands drames pouvaient survenir. Ce matin encore, vous étiez sujets aux bradycardies. Du jour au lendemain, je dois faire abstraction de cet univers médicalisé ? De vos malaises respiratoires ? Et vous traiter comme des nourrissons à terme ? Comme c'est soudain, comme c'est singulier de pouponner des bébés qui sont encore si fragiles.

OK, pas de panique, je vais jouer le jeu. Bella, tu es allée à la selle, il faut te changer, et plus vite que ça, car tu détestes être sale. Je dois faire comme si je maîtrisais la situation. J'ai l'impression d'être une petite fille abandonnée par sa maman, jetée dans la fosse aux lions. J'ai envie d'éclater en sanglots, de hurler à qui veut l'entendre que je ne sais rien faire, que je suis nulle, que je ne connais rien aux bébés. Mais personne n'a envie d'entendre ça ici…

Soudain, ma fille, tu me regardes dans les yeux avec cet air interrogateur qui semble me dire : « Alors maman, c'est pour aujourd'hui ou pour demain ? » Je me sens si stupide devant toi que je m'exécute, sans broncher. Votre maman n'est peut-être pas encore tout à fait à l'aise, ni adroite, mais elle va le devenir, et pas plus tard que maintenant.

L'amour n'attend pas. Il est plus fort que tout, plus fort qu'un reflux de lait sur mon cachemire, plus fort qu'un pipi d'ange qui gicle, tel celui de la célèbre statue belge du Manneken-Pis, sur ma jolie montre. J'ai tout à apprendre, et je pense avoir encore un peu de temps sous le regard, pas toujours bienveillant, de mes institutrices, pour que tout cela devienne un rituel banal et parfaitement maîtrisé.

Papa assure comme un chef. Il est si bon de voir sur le visage de celui qu'on aime le soulagement, la délivrance. Il est un autre homme depuis votre arrivée en pédiatrie, et me surprend à s'occuper de vous avec assurance et délicatesse. Il vous change, sait dans quel sens il doit nettoyer vos parties intimes – car, oui, il y a un sens, figurez-vous, du sexe vers l'anus, et jamais l'inverse, pour ne pas ramener d'éventuels germes.

On commence à goûter au plaisir de la parentalité, à sourire de vos pleurs, de vos réactions qui, sans le vouloir, sont parfois très amusantes. Jules, tu deviens peu à peu un petit glouton. Tu réclames de plus en plus ton lait. Il est si rassurant de pouvoir parler de vous comme de « vrais bébés » : « il ou elle a faim », « il ou elle a mal au ventre », « il ou elle veut être dans les bras ». Il reste cependant encore tant de choses à régler…

Vous devez boire votre dose de lait en entier à chaque repas, donc toutes les trois heures, si vous voulez qu'on retire votre sonde gastrique. Le souci, c'est que vous avez tous les deux une tendance à la régurgitation. Une fois sur deux, vous vomissez un quart de votre biberon. Nous sommes en train d'apprendre, avec papa, à vous donner à manger lentement, en faisant des pauses, et surtout en vous faisant faire un ou deux rots.

Nous apprenons à être parents, tout simplement. Et je ne pensais pas, mes chéris, que papa et maman, égoïstes, égocentriques, impatients et capricieux, y prendraient goût à ce point. J'aime la manière dont nous nous comprenons juste d'un regard avec votre père, j'aime aussi la manière dont il vous contemple, vous parle... J'ose enfin penser que je lui ai fait le plus beau des cadeaux : *vous*.

À mesure que la culpabilité d'avoir accouché si tôt me quitte, je m'accorde ce sentiment de fierté immense, incommensurable d'avoir fabriqué, avec l'aide de papa, deux petits anges aux traits réguliers, à la bouche ronde, aux yeux en amande, je vous trouve si beaux.

Je trouve que vous lui ressemblez.

Enfin vous prenez forme, et on peut voir la similitude de vos visages ronds. À 2,3 kilos pour toi, Jules, et 2,1 kilos pour toi, Bella, on commence à avoir la sensation de tenir deux beaux petits poupons. Pour les grosses joues tombant par terre et les bourrelets charmants des bons gros bébés, il va falloir attendre encore un peu. Nous partons de l'hôpital ivres d'amour de vous, et terriblement épris l'un de l'autre.

Et ce soir, je me dis que j'ai beaucoup de chance.

*
* *

Plus la sortie se profile, et plus le temps paraît long. Je voudrais que tout aille plus vite, que vous n'ayez plus besoin de lunettes à oxygène, que vous buviez la quantité requise de lait, que vous ne fassiez plus jamais d'apnées, pour pouvoir, enfin, vous ramener chez vous. Nous n'en sommes pas encore là.

Bella, tu as du mal à boire de grandes quantités, tu t'arrêtes souvent à 10 millilitres, 20 millilitres tout au plus. On nous avait prévenus que la grande prématurité était l'école de la patience, c'est plus que jamais le cas.

Les jours passent, il est de plus en plus insupportable de vous laisser à l'hôpital le soir. J'ai l'impression d'abandonner mes bébés dans une de ces ignobles pouponnières où doivent loger tant de pauvres nourrissons qui n'ont pas la chance d'avoir des parents. Nous vous embrassons avec papa, et nous vous souhaitons bonne nuit, sachant pertinemment que vos pleurs nocturnes ne recevront pas toujours de réponse.

Je me sens quelque peu méprisée par ce nouveau personnel de la pédiatrie. Je recommence à prendre soin de moi, à me maquiller, à me faire jolie, et je pense que cela exaspère certaines infirmières, qui ont, depuis longtemps, fait leurs adieux à ce jeu pourtant si jouissif qu'est la séduction. À notre arrivée dans ce service, je les ai surprises qui disaient de nous :

– Il n'y a pas de raison, nous devons les traiter comme tous les autres, voire moins bien.

Nous subissons les effets indésirables de notre notoriété, qui nous dessert car nos bébés sont, de ce fait, un peu laissés pour compte. Des bébés de stars que tout cela dépasse totalement, mais qui sont contraints d'endurer, si tôt, des délits de faciès alors qu'ils n'ont rien fait, à part souffrir.

*
* *

Aujourd'hui, nous devons entraîner Bella à boire au biberon. C'est un infirmier tatoué, au look de chanteur pop *british* qui semble s'être égaré à Cochin, tel un Petit Poucet guidé par des canettes de Kronenbourg, qui s'y colle.

Je n'arrive pas à cerner ce jeune homme glacial au petit nez en trompette et à la peau laiteuse. Je pense que ce qui pourrait passer pour de l'inhibition et de la réserve n'est que le reflet d'un réel mauvais fond.

Le voilà qui te prend sur ses genoux, ma fille, avec la délicatesse d'un *free fighter*. Puis il t'enfonce le biberon dans la bouche et, avec la désinvolture d'un rappeur français, te fait boire. Agacée, je lui demande d'aller moins vite. Je déteste cet apprenti infirmier. Il me le rend bien d'ailleurs.

Soudain, tu fais une fausse route. Tu t'étrangles sous mon regard apeuré, et sous le sien, stoïque. Mais quel abruti. Il employait une telle mauvaise volonté à te nourrir, mon petit oiseau, qu'il a fini par t'étouffer. Se délectant de mon inquiétude, sans me regarder, il me lance avec une antipathie aiguë : « Mais non, elle ne s'étouffe pas », et quand une collègue arrive pour demander ce qui se passe, il se met à rire, d'un petit rire moqueur et sadique, comme pour dédramatiser totalement la situation et lui signifier, avec dédain, mon affolement excessif.

À peine ma fille parvient-elle à reprendre sa respiration qu'il remet ça, il lui représente le biberon. Ma patience a des limites. Je le somme d'arrêter, je suis sa mère après tout, c'est à moi de décider. Cet événement m'énerve au plus haut point, et me fait réaliser combien ma fille a encore beaucoup à apprendre.

*
* *

Quelques jours plus tard, les choses continuent de plutôt bien avancer. Une excellente nouvelle tombe : mes deux enfants sont libres de toute assistance respiratoire.

Fini ces fils de plastique transparents qui envoient de l'air dans vos petites narines. Il ne reste plus qu'à vous faire boire vos doses de lait pour retirer vos sondes gastriques. Il se pourrait alors qu'on envisage une sortie.

Une sortie…

Je n'ose pas trop rêver. Pour ça il faudrait que Jules ne fasse plus aucune apnée. Le problème, c'est que son reflux subsiste. Il reste douloureux et engendre des remontées acides qui le font désaturer, car il ne sait pas encore gérer cette douleur.

Bientôt, mon fils, bientôt…

Épilogue

À l'heure où je vous écris, je m'endors et me réveille avec les sourires édentés de mes deux poupons joufflus – plus beaux que des poupons de publicité –, leurs joues rebondies sous ma bouche avide de leur peau, enivrée de leur odeur. Je leur donne le bain tous les soirs, les parfume, les bichonne, je joue à la poupée en les habillant en Zara Bébé, et autre Petit Bateau.

Nous sommes devenus les parents comblés de deux petits sucres d'orge aux yeux clairs, que nous promenons avec fierté dans les rues de Paris, conduisant notre poussette double comme s'il s'agissait de la dernière Maserati. On s'est habitués à vivre avec eux, pour eux, autour d'eux. Eux se sont habitués à nous, ils ont vite trouvé leurs repères à la maison, dans leur chambre. Ils n'ont pas l'air mécontents de leur environnement, loin des bruits, lumière et tuyaux des couveuses. On est équipés, comme tous les parents modernes, en Babyphone, chauffe-biberon, tétines, baignoire bébé... Nous avons pris le pli de nous lever la nuit, d'interroger leurs pleurs, de guetter leurs rires.

Ils ont huit mois, et cinq d'âge corrigé. Jules est un glouton de 8 kilos dont le visage rond et le caractère jovial font penser à un petit vigneron heureux de ses récoltes. Bella est une princesse colérique (mais de qui tient-elle ?) de 6,3 kilos. Elle passe du rire aux larmes avec la virtuosité d'une actrice multi-oscarisée et rend chèvre Sylvie, son adorable et si patiente nounou. Ils vont bien, respirent parfaitement, gloussent aux pitreries de leur papa, font des câlins à leur grand-mère qu'ils ont ensorcelée.

Ils rythment notre vie, et n'ont pas changé que notre fond d'écran. Ils ont fait de nous des gens heureux, de ce bonheur saint, et simple, que je pensais sans intérêt. Ils nous ont enseigné la patience, l'espoir, l'importance d'y croire. Leur courage nous a poussés à donner le meilleur de nous, à puiser dans des ressources insoupçonnées.

Ils ont mérité leur place sur terre, ils l'ont gagnée à la sueur de leurs petits fronts bombés.

Épilogue

Et quand, par un ciel dégagé et une température estivale, on nous demande au cours de notre balade dominicale :

– Qu'ils sont mignons, quel âge ont-ils ?

Nous répondons fièrement :

– Cinq mois.

Et si la personne renchérit : « Dites donc, deux à la fois, il doit vous en falloir, de la patience ! », c'est avec un sourire complice et chargé d'une émotion intacte que nous répondons de concert :

– Si vous saviez…

Directeur d'ouvrage
Bertil Scali

Composition PCA
44400 – Rezé

Imprimé en Espagne

Dépôt légal : septembre 2013
ISBN : 978-2-7499-0248-1
LAF 1771